Cäsar August Bosone

Der Aufsatz

Cäsar August Bosone

Der Aufsatz

ISBN/EAN: 9783743390393

Hergestellt in Europa, USA, Kanada, Australien, Japan

Cover: Foto ©Andreas Hilbeck / pixelio.de

Manufactured and distributed by brebook publishing software (www.brebook.com)

Cäsar August Bosone

Der Aufsatz

Der Aufsatz

„De regimine principum"

von Thomas von Aquino.

Ein Beitrag zur Kenntniss der Staatsphilosophie im Mittelalter.

Inaugural-Dissertation

zur

ERLANGUNG DER DOKTORWÜRDE

bei der

hohen philosophischen Fakultät

der

Rheinischen Friedrich-Wilhelms-Universität zu Bonn

eingereicht und mit den beigefügten Thesen vertheidigt

im August 1894

von

Cäsar August Bosone

aus Pieve del Cairo Lomellina.

(Italien.)

Bonn,
Hauptmann'sche Buchdruckerei.
1894.

Einleitung.

Eine nochmalige Beschäftigung mit den politischen Ansichten des Thomas von Aquino wird wohl keine Verwunderung erregen.[1]) Die Bedeutung des grossen Philosophen und Theologen, eines glänzenden Lichtes der Kirche, die Autorität und der Einfluss, welchen er im ganzen Mittelalter auch auf die folgenden Jahrhunderte nachwirkend geübt hat, dessen Lehre noch heutzutage die ganze katholische Philosophie und Theologie durch-

[1) Thomas von Aquino ist in Roccasecca 1226 geboren. Sein Vater war Landulfus Graf von Aquino und Herr von Loretto und Belcastro; die Mutter Theodora stammte aus einer normannischen Fürsten-Familie. Sein Grossvater (Thomas von Aquino) hatte eine Schwester von Friedrich Barbarossa (Francisca) zur Gattin. Gegen den Willen der Eltern in den Dominikanerorden eingetreten, hörte er in Köln Albertus Magnus; im Jahre 1248 wurde er in der Universität zu Paris zum Doktor promovirt, und starb den 7. März 1274 zu Fossanuova, im Alter von 49 Jahren. Schon im Jahre 1323 wurde er von Johannes XXII heiliggesprochen und von Pius V. 1567 zum Doktor der Kirche erhoben. Die beste Biographie über Thomas von Aquino hat Wilhelm von Thou (Guilielmus de Thoco), ein Dominikaner, welcher mit dem Heiligen in Freundschaft war, geschrieben. „Diese Biographie ist in Verbindung mit den Acten des Canonisationsprocesses die Quelle für alle folgenden Biographien geworden." (Siehe Kirchen-Lexikon von Wetzer und Welte. 10. Band, S. 911 ff.) -- Die vollständigen Ausgaben der Werke von Thomas von Aquino sind folgende: Rom, 1570, in 17; Venedig, 1593, in 18; Antwerpen, 1622, in 19; Paris, 1636, in 23 Folianten; Venedig, 1787; Parma, 1852 -71, (25 Bde.); Thomae Aquinatis Opera omnia, jussu impensaque Leonis XIII. P. M. edita Romae (bis jetzt VII Bde.) 1882 ff.

Die Summa Theologica ist vom Abbé Drioux in's Französische übersetzt worden. Paris, 1850—54 (8 Bde. in 8). — Auch Carmagnolle hat neuerdings die Werke von Thomas in's Französische über-

dringt und beherrscht, sind ein genügender Beweis, um behaupten zu können, dass die Studien über seine Werke immer noch von Wichtigkeit sind. Ich habe nicht die Absicht, die Staatslehre des Thomas von Aquino hauptsächlich kritisch zu untersuchen; es gibt wichtige Arbeiten darüber[1]), und eine solche Untersuchung würde ausserdem die Gränzen, die ich mir gesteckt habe, überschreiten. Ich werde vielmehr meine Betrachtung auf das Schriftchen „De regimine principum" beschränken, da man mit Sicherheit sagen kann, dass in diesem Opusculum die politischen Gedanken des Doktors angelicus überhaupt enthalten sind.[2])

---

setzt. Ueber die Literatur siehe Grundriss der Geschichte der Philosophie von Friedrich Ueberweg. II. Theil. 7. Auflage, Berlin 1886. S. 236—37.

[1]) H. R. Feugueray „Essai sur les doctrines politiques de saint Thomas d'Aquin." Paris, 1857, in 8.

„Die Staatslehre des h. Thomas von Aquino, des grössten Theologen und Philosophen der katholischen Kirche. Ein Beitrag zur Frage zwischen Kirche und Staat." Von Dr. J. J. Baumann. Leipzig 1873. — Dieses Buch enthält die einfache Uebersetzung vom ersten Buche des „De reg. princ." und von 4 Kapiteln des zweiten nebst Ergänzungen aus dem Aufsatze „De regimine judaeorum," aus dem Kommentar zu Aristoteles' Politik, aus der „Summa Theologica" und aus der „Summa adversus gentiles." Eine kritisch-geschichtliche Erörterung fehlt vollständig. Ich teile deshalb mit, was Nicolaus Thömes darüber schreibt: „.... historiam praeteriit, origines neglexit, vim totam doctrinae thomisticae pervertit." Nic. Thömes, „Commentatio Literaria et critica de Sancti Thomae Aquinatis operibus" etc. Berolini 1875, S. 19.

[2]) Es ist merkwürdig, dass dieser Aufsatz von vielen Schriftstellern über die mittelalterliche Philosophie nicht nur vernachlässigt, sondern nicht einmal erwähnt worden ist. Tennemann zum Beispiel (Geschichte der Philosophie. 8. Bd. II. Hälfte. Leipzig 1811, S. 551—676) erwähnt die Politik des Thomas von Aquino mit keinem Wort; ebenso Hauréau (Histoire de la Philosophie Scolastique. Seconde partie — Tome premier. Paris, 1880, S. 338—462). — Rousselot (Études sur la Philosophie dans le Moyen Age. II partie. Paris 1841; Seite 226—298) widmet der Rechtsphilosophie des Thomas 4 Seiten in einer ganz oberflächlichen Weise; in diesen findet man keine Spur der politischen Theorie. Trotzdem aber wagt es der Verfasser daselbst mit einer höchst sonderbaren Sicherheit sein Urteil in folgende Worte zusammenzufassen: „Saint Thomas était dépurvu du sentiment

Es hat allerdings Männer gegeben, und es giebt noch heute solche, welche eine wirklich politische Forschung dem Mittelalter absprechen und nur zugeben, dass diejenigen Schriftsteller jenes Zeitalters, welche mit politischen Fragen sich beschäftigt haben, sich begnügten mit akademischen, durchaus nicht wissenschaftlich selbständigen Erörterungen.[1]) Dies von allen politischen Schriftstellern des Mittelalters zu behaupten ist nicht der Wahrheit entsprechend. Die Grundlage der mittelalterlichen Politik ist eine doppelte: die Augustinische Lehre vom Verhältniss des irdischen zum überirdischen Leben und die griechisch-römische Anschauung über den Staat und den Zweck der Bürger. In Folge der Berücksichtigung der Lehre des Augustinus wird der Begriff des Staates durch den christlichen der Gesellschaft umgebildet.

Robert Mohl dagegen („Die Geschichte und Literatur der Staatswissenschaften." Erlangen 1855. I Bd. S. 225) sagt: „Ganz verkehrt ist es, diese Staatsphilosophie anknüpfen zu wollen an die Schrift des h. Augustinus De civitate dei, indem dessen Gottesreich das ewige, das weltliche aber das des Bösen ist, so dass der spätere theokratische Gedanke des christlichen römischen Reiches eher als ein Gegensatz, als eine Folge der Lehre des Kirchenvaters erscheint."

Mohl verneint den Einfluss der Augustinischen Lehre auf die mittelalterliche Politik, weil er denselben in einer zu allgemeinen Weise versteht. — Wie im Buche De civit. dei das Gottesreich als das ewige in Gegensatz zum Reiche des Bösen, zum weltlichen, „absolute" betrachtet wird, so versucht das Mittelalter dieselbe Anschauung „relative" in die weltliche Politik hineinzubringen, in so fern als die geistliche Macht des Papstes von der weltlichen des Kaisers unter-

chrétien qui pousse au progrès, et qui inspire une vive sympathie pour tous ceux qui souffrent: dans ses ouvrages aussi se trouve la justification de l'esclavage." (S. 294.) Wo aber der heilige Doktor die Sclaverei für gerechtfertigt erklärt haben soll, darauf vergisst der Verfasser klugerweise hinzuweisen.

[1]) Siehe Förster „Die Staatslehre des Mittelalters" in Allgemeine Monatsschrift für Wissenschaft und Litt. Jahrgang 1853.

schieden wird, und je nach der entgegengesetzten Behauptung entweder die eine oder die andere die Oberhand in Anspruch nimmt.

Man braucht nicht zu glauben, dass die ganze Politik dieser Zeit nur aus Kommentaren und Wiederholungen des Aristoteles bestände. Der griechische Philosoph spielt allerdings hierin eine grosse Rolle, und mit ihm die heiligen Schriften, Augustinus, Cicero, Seneca und Boethius: es ist aber falsch deswegen zu folgern, dass keine Spur von Selbständigkeit vorhanden sei.[1]) Die Bücher „De regimine principum" von Thomas von Aquino und „De Monarchia" von Dante Alighieri, um nur diese Beispiele anzuführen, beweisen das Gegenteil.[2])

Die Erörterungen, welche die Gesellschaft angehen, haben immer die Denker jeder Zeit tief beschäftigt. Jede Civilisationsperiode besitzt ihre politischen Denkmäler; das beweisen bei den Ariern die Vedischen Hymnen, das Gesetzbuch von Manu bei der Brahmanischen Kultur, bei den Persern das Buch Zend-Avesta, das Todten-Buch in Aegypten. Was die Griechen betrifft, möge es genügen auf Plato und Aristoteles hinzuweisen. Plato versuchte eine idealpolitische auf die Gerechtigkeit gegründete Verfassung zu entwerfen. Aristoteles hatte mit der Untersuchung von 158 demokratischen, oligarchischen, aristokratischen und tyrannischen Verfassungen sich vorbereitet, um seine eigenen politischen Gedanken darzulegen.[3]) Die Römer endlich herrschen noch heutzutage über die ganze Welt mit ihren mannigfaltigen Gesetzen.

Durch die Völkerwanderung kommt die Frucht der Erforschungen von zahlreichen Denkern Jahrhundertelang ab-

---

[1]) „Den eigentlichen Hauptgedanken dieser Zeit, der der griechischen Anschauung geradewegs entgegen war, hat sie sich nicht aus Aristoteles geholt; der war ihr durch die christliche Idee gegeben und entwickelte sich ganz selbstständig und im inneren Zusammenhang." (Förster ebd. S. 834.)

[2]) Das Buch „De Monarchia" des grossen Dichters meines Vaterlands denke ich in einer nächsten Abhandlung darzulegen.

[3]) Diese aristotelischen Untersuchungen sind jetzt leider bis auf die neuerdings wieder aufgefundene 'Αθηναίων Πολιτεία verloren. Siehe die Uebersetzung der Politik des Aristoteles von Barthélemy Saint-Hilaire. Paris 1837. I. Bd. S. 21. — Einleitung.

handen. Nur einige Ueberreste der lateinischen Litteratur entgehen dem Schicksal der Vergessenheit anheimzufallen. Fast alles, was die Politik als solche anbelangt, ist verloren. Es bleiben nur die Erinnerung an die Vergangenheit und in den Werken der apostolischen Väter wenige Bruchstücke, in vielfach fehlerhaften Auszügen und teils untergeschobenen Aufsätzen. — Eine benediktinische Ueberlieferung behauptet, dass Mannon,[1]) einer von den Lehrern der palatinischen Schule, zur Zeit Ludwigs des Stammlers (877—879) Plato's Politik und Leges erläutert habe. Das ist aber durch zuverlässige historische Beweise widerlegt.[2]) Die einzigen politischen Denkmäler dieser Zeit, vom VIII. bis gegen das XIII. Jahrhundert, sind die Kapitulares Karls des Grossen (800) und seiner Nachfolger, die päpstlichen Bullen und die Kirchenrechtssammlungen, von denen die berühmteste das sogenannte Decretum Gratiani ist, dessen Verfasser 80 Jahre lang arbeitete, um seine Sammlung zu vollenden. Um Socialfragen bekümmern sich zu dieser Zeit weder Philosophen noch Theologen; selbst Abälardus nicht (Abeillard oder Abélard 1079—1142), von dem man es doch am ersten erwarten könnte.

Der heftige Kampf zwischen den Päpsten und dem deutschen Kaisertum, vom Pontifikat Gregors des VII. (1073) an, war eine natürliche Anregung, um die Rechte beider Mächte, der geistlichen und weltlichen, und den Ursprung der Herrschaft überhaupt zu erforschen.

Derjenige, welcher die Reihe der social-politischen Schriftsteller im Mittelalter eröffnet, ist Johannes von Salisbury († 1180) mit seinem in 8 Bücher abgeteilten „Polycra-

---

[1]) de prevôt de Condat † 880. Siehe „Repertoire des Sources Historiques du Moyen-Age par Ulysse Chevalier." III Fascicule. Paris, MDCCCLXXX. S. 1463.

[2]) Siehe Charles Jourdain „La philosophie de Saint Thomas d'Aquin. Paris 1858." I. Bd. S. 397. — Jourdain bringt die Quelle dieser Ueberlieferung bei (Hist. litt. de la France. t. IV, 246; t. V, 657—58) und glaubt, dass sie von dem politischen Teil des Timaeus zu verstehen ist.

ticus sive de nugis curialium et vestigiis philosophoruui."[1]) Besonders im vierten, fünften und sechsten Buche handelt er von politischen Fragen. Nach ihm erhalten die Könige ihre Würde und Macht von den Priestern; die Kirche, welche ihnen diese gegeben hat, kann sie ihnen auch abnehmen. Wenn sie tyrannisiren, wenn sie ihre Herrschaft durch Gewalt erlangt haben, darf man nicht nur, sondern muss man sogar, weil es gerecht und billig wäre, sie töten.[2]) Das Werk des Johannes von Salysbury hat, wenn auch nicht auf ganz deutliche Weise, einen bleibenden Einfluss auf die nachfolgenden Denker ausgeübt.[3])

Zu derselben Zeit widmete ein Mönch von der Abtei zu Fleury, Hugo von Sancta Maria (Hugues de Sainte Marie), dem König Heinrich I. von England (1100—1135) seinen „Tractatus de regia potestate et sacerdotali dignitate", in welchem er das Gegenteil behauptet; nämlich dass von Gott den Königen die Macht übertragen, dass es deshalb nicht erlaubt ist, ihnen Widerstand zu leisten, dass gegen ihre Tyrannei nur Gebete erlaubt sind, dass jeder, welcher ihren Sturz veranlasst oder unterstützt, sei er auch Bischof, gött-

---

[1]) Siehe Ferdinand Walter „Naturrecht und Politik im Lichte der Gegenwart." II. verbesserte Auflage. Bonn, 1871. Paragraph 519, S. 402. Siehe auch Carl Schaarschmidt „Johannes Saresberiensis nach Leben und Studien, Schriften und Philosophie". Leipzig, 1862.

[2]) „Gladium de manu Ecclesiae accipit princeps. — Est ergo princeps sacerdotii quidem minister et qui sacrorum oticiorum illam partem exercet quae sacerdotii manibus videtur indigna." (Polycraticus IV, 3.)

„Porro de ratione juris ejus est nolle cujus est velle, et ejus est auferre qui de jure conferre potest." (Ebd.) „Tyrannum occidere non modo licitum est, sed aequum et justum." (Ebd. III.) Diese Theorie des Tyrannenmordes ist später noch wiederholt und gelehrt worden; unter anderen von den Jesuiten Emanuel Sà, Alfons Salmeron, Anton Santarem, Adam Tanner und von Mariana, Lehrer des Königs Philipp III. von Spanien (1598—1621). Mariana in seinem Buche „De rege" lobt und preist Jacques Clement den Mörder Heinrichs III. von Valois (1589.) „ . . . facinus memorabile, insigne." („De rege" I, S. 6.)

[3]) Siehe Walter. Naturr. und Politik. S. 403.

licher und menschlicher Majestätsbeleidigung schuldig ist[1]). In dieser Weise kann man deutlich im Mittelalter zwei entgegengesetzte Richtungen unterscheiden: der einen gehören diejenigen Schriftsteller an, welche die Rechte der Kirche verteidigen, der anderen die Vertreter der Unabhängigkeit der weltlichen Macht von der geistlichen.[2])

Um die Mitte des XIII. Jahrhunderts gibt endlich ein unerwartetes Ereigniss den social-politischen Studien einen sehr grossen Umschwung; Wilhelm von Mörbeka † gegen 1300) entdeckt und übersetzt nach Wunsch des Thomas von Aquino die Politik des Aristoteles.[3])

Dieses Werk wird alsbald in unzähligen Kommentaren untersucht und betrachtet. — Hier ist der Ort daraufhinzuweisen, ein wie grosses Verdienst die Scholastik und ins-

---

[1] Siehe Baluze „Miscellanea" Luccae, 1761. t. II, S. 164 ff, und Hist. litt. de France, t. X, S. 285 ff.

[2] In den vorigen Jahrhunderten verfasst Aurelius Augustinus (354—430) das Buch „De civitate dei," welches auf das ganze Mittelalter eingewirkt hat; Agapetus Diakonus zu „Ἁγία Σοφία" schreibt XXII „Capita admonitoria ad Justinianum primum" (527); der Kaiser Basilius Macedo (867) widmet LXVI „Capita exhortationum ad Leonem filium;" Theophylactus verfasst eine „Παιδεία βασιλική," für Constantinus Porphyrogennetus (912); Constantinus Porphyrogennetus selbst schreibt LIII Kapitel über die Verwaltung des Kaisertums „Πρὸς τὸν ἴδιον υἱὸν Ῥωμανόν." — Hier ist auch Averröes (Abul Walid Mohammed Ibn Achmed Ibn Reschd 1126—1198) zu erwähnen, der berühmte Kommentator des Aristoteles. Er hat nicht nur die aristotelische Politik erläutert, sondern auch eine Paraphrase über Plato's Republik verfasst, worin er seine eigenen politischen Ansichten mitteilt. Der Jude Mantinus hat diese Paraphrase vom Arabischen in's Lateinische übersetzt und dem Papst Paul III. (1534) gewidmet. Diese Uebersetzung ist zusammen mit den moralischen Werken des Philelphus gedruckt (Venetiis, MDLII). Siehe Johannes Schoen, „De literatura politica medii aevi Vratislaviae, 1838.

[3] Siehe Am. Jourdain „Recherches critiques sur l'âge et l'origine des traductions latines d'Aristote et sur les commentaires grecs ou arabes employés par les docteurs scolastiques. Paris, 1819 (2 ed. 1843); auch deutsch von Ad. Stahr, Halle 1831, und die Einleitung des Barthélemy-Saint-Hilaire zu der schon citirten Uebersetzung der aristotelischen Politik.

besondere Thomas von Aquino um die Verbreitung und das Studium der Schriften des Aristoteles sich erworben haben.[1] Thomas von Aquino selbst hat die Politik des Aristoteles erläutert und ausserdem die Logik, die Metaphysik, die Ethik, die naturphilosophischen Schriften und das Buch „De causis", welches mit Avempace (Abu Bekr Mohammed ben Jahja Ibn Badja, geboren um das Ende des XI. Jahrhunderts und gestorben 1138 die Scholastiker dem Aristoteles zugeschrieben hatten.[2]) Die Erläuterung des Thomas über die Politik von Aristoteles übertrifft diejenige seines Lehrers Albertus Magnus (Albert von Bollstädt, Doktor universalis, 1193—1280), welche aus späterer Zeit herrührt, da in der letzteren das Buch der „Probleme" erwähnt wird, welches Thomas, seiner Aeusserung nach, unbekannt geblieben war.[3]) Der thomistiche Kommentar über die aristotelische Politik nebst dem zu „De coelo et mundo" gehören den letzten Jahren des Lebens des Doktors angelicus.[4])

---

[1]) Einzelne Schriften des Stagiriten, insbesondere die Politik, wurden mittelst directer Uebersetzung aus dem Griechischen im Abendlande bekannt. Wilhelm von Mörbeka hat ausserdem fast die sämmtlichen Werke des Aristoteles in's Lateinische übertragen. — Siehe darüber Ueberweg's „Grundriss der Gesch. der Phil. II. Bd. S. 220. 7. Auflage. Berlin 1886.

[2]) Siehe Ptolomaeus von Lucca „Hist. Eccles." Lib. XXII, Cap. XXIV; „Isto autem tempore (das heisst zur Zeit der Päpste Urbanus IV. (1261) und Clemens IV. (1264) frater Thomas tenens studium Romae quasi totam philosophiam Aristotelis sive naturalem sive moralem composuit et in scriptum sive compendium redegit; sed praecipue Ethicam et Metaphysicam quodam singulari et novo modo tradendi." — Ptolomaeus Lucensis (De Fiadonibus) ist 1236 geboren ; er war der Vaticanischen Bibliothek Vorsteher und starb 1322 als Bischof von Torcello. Er schrieb „Annales continentes gesta ab anno 1060 usque ad annum 1303" (Lion 1619, in 8), „Historia Eccles. Lib. 24 usque. ad ann. 1312," auch bekannt unter dem Titel „Chronica Summorum Pontificum" etc. etc. (Siehe Allgemeines Gelehrten-Lexicon, herausgegeben von Christian Gottlieb Jöcher. Leipzig, MDCCL, III. Theil. S. 1799—800).

[3]) Siehe Charles Jourdain (ebd. I. Bd. S. 400).

[4]) Nach der Chronica Slava (Apud Lindenbrog. Script rer. Germanic. S. 204) um 1273, nach Aventinus (Aventini Annalium

Thomas selbst hat diese Kommentare nicht vollendet: es gibt keinen Zweifel darüber. Alle seine Biographen, Clemens VI. (1342 — 1352),[1]) Bernhard Guidonis († 1331),[2]) und der heilige Antoninus von Florenz[3]) stimmen darin überein, dass Thomas nur die ersten drei Bücher der Politik des Aristoteles commentirt hat: Ptolomaeus erklärt ausserdem bestimmt, dass Petrus de Alvernia[4]) die Erläuterung der übrigen Bücher fortgesetzt habe.[5]) — Ludwig von Valladolid[6]) bestätigt, dass Thomas während der Abfassung dieser Kommentare vom Tode überrascht worden ist und sie deswegen unvollendet hinterlassen hat. — Die alten Manuscripte enthalten nur die Erläuterungen über die ersten vier Bücher. — In einem Pariser Manuscript des

---

Boiorum libri VII, Lipsiae 1710, in fol. — Buch VII. Cap. IX. S. 673) im Jahre 1271 hat Wilhelm von Mörbeka nach Thomas Aufforderung die Werke des Aristoteles aus dem Griechischen in's Lateinische übertragen. Jourdain (ebd. I Bd. S. 93) meint, dass dieses als Datum der Vollendung der Uebersetzung anzunehmen sei, und dass sie spätestens 1261 angefangen worden sei, weil Vincenz von Beauvais († 1264) die Bücher der aristotelischen Politik unbekannt waren, da er in seinem Katalog der Werke des Aristoteles sie nicht genannt hat, und Roger Baco (1214—1294) in seinem um 1266 verfassten „Opus tertium" erklärt, dass dieselben zu den Lateinern nicht gelangt sind.

[1]) Ein Franzose (Cardinal Peter Roger), derjenige, welcher Ludwig den Bayern in jüdischen Fluchformeln bannte, und Avignon kaufte: „ein prunksüchtiger Mann und französisches Werkzeug." (Siehe Kirchen-Lexikon von Wetzer und Welte. 8. Bd. 1859. S. 108).

[2]) Bernard de la Guyonne oder de la Gujonie, ein französischer Dominikaner in der Mitte des 14. Jahrh. (Siehe Jöcher ebd. II. Teil S. 1267).

[3]) Antoninus, oder vielmehr Antonius, seit 1446 Erzbischof zu Florenz, starb 1459 und wurde 1523 von Hadrian VI. canonisirt. (Jöcher II. Teil. S. 449.)

[4]) Petrus de Alvernia (Petrus Cros. † 1307) schrieb mehrere Werke, darunter: „Appendix seu supplementum ad Summam theologicam Sancti Thomae magistri sui." (Siehe Jöcher ebd. III. S. 1452.)

[5]) „Scripsit . . . . et similiter super Politiam. Sed hos libros complevit magister Petrus de Alvernia fidelissimus discipulus ejus." (Hist. Eccl. Lib. XXIII, Cap. XI.)

[6]) Ludovicus de Valleoleti, ein spanischer Dominikaner im 15. Jahrh. † 1436. (Jöcher. ebd. II. S. 2584).

XIV. Jahrhunderts liest man am Schlusse der 6. Lektion des III. Buches: „Explicit sententia libri Politicorum," und am Schlusse des VIII. Buches: „Expliciunt scripta super libros Politicorum edita a magistro Petro de Alvernia."¹) — Die Ausgabe von 1570 schreibt dennoch Thomas von Aquino die Kommentare der 8 Bücher der aristotelischen Politik zu, und Hechard citirt ein Manuscript der Sorbonne, wo man liest: „Explicit commentum politicae eximii sacrae theologiae doctoris B. Thomae de Aquino Ordinis saeri F. F. Praedicatorum scriptum pro M. N. Guillelme Ficheto, A. D. 1455 die 28 octob." — Peter von Alvernia hat zur Fortsetzung dieser Kommentare höchstwahrscheinlich die hinterlassenen Manuscripte des Thomas benutzt; das beweist nicht nur die reine thomistiche Lehre, sondern auch die Methode und der Stil.²)

In derselben Zeit, als er die Politik des Aristoteles erläuterte, das heisst um 1266, in den letzten Jahren seines Lebens, verfasste Thomas von Aquino auch den Aufsatz „De regimine principum ad regem Cypri."³) Die Biographen

---

¹) Siehe Jourdain. ebd. I. Bd. S. 89.
²) Jourdain im erwähnten Buche (I. Bd. S. 88—90) schreibt: „nous n'avons aperçu aucune différence ni pour la méthode, ni pour les opinions, ni même pour le style entre le début et la fin du Commaintaire sur la Politique."
³) Das XX. Opusculum in der römischen Ausgabe vom Jahre 1570. Was den König von Cypern betrifft, so glaubt Echard, dass es Hugo II. aus dem Hause Lousignan sei; da er aber 15 Jahre alt 1267 starb, mag dies die Ursache gewesen sein, dass Thomas das ihm gewidmete Buch nicht vollendet hat: „Quis ille rex Cypri, cui opusculum hoc nuncupavit Thomas quaeri solet, censetque noster Stephanus de Lusignano genealogiae regum Cypri gallice scriptae fol. 17, 6, esse Hugonem tertium e stirpe Lusiniana, principem primo Antiochiae et c. 1267 Cypri regem, ac tandem post mortem Conradini Neapoli capite plexi circa 1272 Hierosolymorum regem. Id vero mihi non probatur, tum quod vix regnum Cyprium capessiverat, cum ambivit Hierosolymitanum, quod tamen ceu sibi debitum contendebat Maria princeps Antiochena, quae tandem jus suum Carolo Andegavensi Siciliae utriusque regi cessit. Non est autem verisimile, S. Thomam Carolo intimum, ejus competitori librum nuncupasse. Adde Hugonem tertium aetatis jam provectae fuisse, cum regnum Cyprium inivit, cujus modi principibus aegre datur. Itaque Hugoni secundo crediderim potius inscriptum opus-

des Thomas behaupten übereinstimmend, dass er der Verfasser dieser Abhandlung sei. Ptolomaeus von Lucca[1]) schreibt: „Item Tractatus de regimine principum, qui sic incipit: Cogitanti mihi quid offerrem. Quem librum scripsit ad regem Cypri"[2]); Bartholomaeus Logotheta[3]): „De regno ad regem Cypri;" Bernardus Guidonis: „Tractatus de regimine principum ad regem Cypri, qui incipit: Cogitanti mihi quid offerrem regiae celsitudini dignum"; Nicolaus Trivetus:[4]) „De regno ad regem Cypri." Johannes de Columna: „De regimine regum ad regem Cypri; *quod quidem opus minime complevit.*" — Antoninus Erzbischof zu Florenz endlich und alle die alten Commentatoren der Werke des heiligen Thomas schreiben ausserdem ihm diese Abhandlung zu.

Sie ist in vier Bücher geteilt sowohl in den Manuscripten als in den gedruckten Ausgaben und umfasst 82 Kapitel Alles dies, vor allem aber die Thatsache, dass die in der Abhandlung vorgetragene Lehre mit den anderen Werken des Thomas und insbesondere mit den ersten Kommentaren der Politik übereinstimmt, beweist, dass der heilige Doktor diese Abhandlung verfasst hat. Denn man findet darin dieselben Gedanken über die Entstehung der Gesellschaft, über die Formen der Regierung, über die Vorteile

culum; hic enim adolescens erat anno 1266 quatuordecim circiter annorum. In gratiam autem ejus aetatis regum solent huius rationis opera componi. Cum autem illo eodem anno vel sequenti 1267 mortuus sit regni X, haec forte causa fuit, cur non compleverit." (Script. Ord. Praed. I. Bd. S. 337). Mit der Meinung Echard's stimmt Jourdain (ebd. I. Bd. S. 149) nicht überein, weil manche Historiker anderer Ansicht sind. Das macht aber Thömes stutzig, welcher Jourdain mit Unrecht den Vorwurf macht, dass er anderer Meinung sei als Echard: „Jourdain nulla ratione allata ab Echardo dissentire videtur." (ebd. S. 42.)

[1]) Siehe über ihn „Script. Ord. Praed." I. Bd. S. 541 ff. und Fabricius „Bibl. med. et infim. latinitatis." Patavii 1754, t. VI S. 20.

[2]) Hist. Eccl. Lib. XXIII, Cap. 13.

[3]) Bartholomaeus Logotheta (Bartholomaeus von Capua), ein Ritter aus Neapel und Protonotarius (Logotheta) des Königsreichs unter Karl II. (dem Lahmen 1285—1309); starb 1316. (Jöcher ebd. I. Teil. S. 1654.)

[4]) Nicolaus Trivethus (Trevet oder Thravet) Englender, geb. um 1238 und gest. 1328. (Ebd. Jöcher IV. Teil. S. 1329.)

der Monarchie. Wenn man aber die Disposition der zwei letzten Bücher des Aufsatzes betrachtet, macht sich sofort die verworrene Anordnung der Materie bemerkbar, welche mit dem so klardenkenden Genie des heiligen Doktors unvereinbar ist. Der Verfasser wiederholt sich thatsächlich, fängt mit der Erörterung einer Frage an und verlässt sie alsbald, nimmt sie wieder auf und vergisst, was er früher schon gesagt hat. — Es fehlt daher nicht an Gelehrten, welche Thomas diesen Aufsatz überhaupt absprechen. Barbavara[1]) zum Beispiel schreibt: „Opusculum de Reg. Princ. ab auctore inferioris classis compositum esse, pleraque fidem faciunt.... Talia vero meditatum Divum Thomam ego nusquam crediderim, licet fuerit potestatis Pontificiae assertor gravissimus." — Casimir Oudin[2]) begnügt sich nicht mit der Behauptung dass das Opusculum „De Reg. Princ." Thomas untergeschoben sei, sondern er begeht sogar den unglaublichen Irrtum, den Aegidius Romanus[3]) für den Verfasser desselben zu halten. — „Quia opus istud, sub nomine Aegidii Romani expresso, impressum fuit Romae anno 1482, in fol., antequam inter Opuscula S. Thomae Agninatis a Fratribus Ordinis Praedicatorum, pudore omni abjecto, primo loco immitteretur. Item Venetiis iterum anno 1590, in fol., sub nomine Aegidii Romani recusum est. Romae tandem anno 1607, in 8, ejusdem Aegidii Romani vita praemissa authentica per Hieronymum Samaritanum, cum collatione Opusculi ad Mas. Codices nomen Aegidii praeferentes."[4])

[1]) Joh. Ambrosius Barbavara, ein Dominikaner aus Mailand, von 1561 bis 1573 Professor zu Padua und noch 1594 am Leben. (Jöcher, ebd. S. 771—72, I. Teil.)

[2]) Kasimir Oudin, geboren 1638, gehörte dem Orden der Prämonstratenser an und trat zur reformirten Kirche über. Er schrieb „Supplementum de scriptor. vel scriptis ecclesiasticis a Bellarmino omissis" und dessen Umarbeitung „Commentarium de scriptor. ecclesiae antiquis illorumque scriptis adhuc extantibus in celebrioribus Europae bibliothecis. Lipsiae 1722" etc. (Siehe Allgemeine Encyclopädie der Wissenschaft und Künste ... von Ersch und Gruber. III. Section. VIII. Teil, herausgegeben von Meier und Kämtz. Leipzig 1836. S. 4).

[3]) Doktor fundatissimus (1247 bis 1316) Augustiner und Schüler von Thomas von Aquino.

[4]) Siehe „Script. Eccles." T. III, col. 338, und „Bernardi M.

Oudin's Einwendung ist leicht zu entkräften. Er verwechselt nämlich das Buch „De regimine principum" des Aegidius Romanus, welches Philipp IV. (dem Schönen) gewidmet ist und mit den Worten anfängt: „Clamat politicorum sententia omnes principatus non esse aequaliter diurnos"[1]) mit dem Aufsatze des heiligen Thomas, dessen Anfang lautet. „Cogitanti mihi quid offerrem" etc. Ausserdem ist das Buch des Aegidius Romanus, sowohl was die behandelten Argumente als die Einteilung der Kapitel anbetrifft, völlig verschieden.

Deswegen kann De Rubeis mit vollem Rechte schreiben: „Audaciam et imperitiam prodit Oudinus .... Haec ignorabat omnia Oudinus."[2]) Die Einwendung Barbavara's verschwindet, wenn man mit Echart („Doctissimus Echart," wie De Rubeis sagt) annimmt, dass das jetzige Opusculum „De reg. princ." aus zwei verschiedenen Aufsätzen besteht, wenn man also fest hält, dass das Werk des Thomas mit den ersten zwei Büchern vollendet sei, und das dritte und vierte Buch ein anderes Opusculum bilden.[3]) — In der That liest man

De Rubeis O. P. Dissertatio IV. S. 500 in „S. Thom. Aq. Opusc. Vol I. Parmae. Typis Petri Fiaccadori. M. DCCC. LXIV. — Auch Suarez (Defensio fidei contra regem Angliae lib 3. Cap. 11. nu. 8) zweifelt an der Echtheit des dem heiligen Doktor zugeschriebenen Opusculums „De reg. princ.;" mit ihm Bellarmino. (Siehe De Rubeis. ebd. Caput IV. S 505.) Salzedo beweist dagegen, dass Bellarmino die Echtheit des Opusculums anerkannt hat, da er (De translatione imperii a Graecis ad Francos. Cap. I) sich auf das Zeugniss des heiligen Doktors („De reg. princip." III Buch) beruft. (Siehe „Hieronymi Salzedo Commentarii et dissertationes philo-theo-historico-politicae in Opusculum De reg. princip." Francofurti. Anno M. DC. LV. — Judicium de leg. auctore opusculi De reg pr.)

[1]) Siehe die römische Ausgabe, 1607, in 8.

[2]) ebd. S 505.

[3]) Die anderen Beweise Barbavara's für seine Behauptung, dass Thomas dieses Opusculum nicht gehört, sind von De Rubeis vollständig zurückgewiesen. — Auch Prantl (in Bluntschli's und Brater's Deutsch. Staats-Wörterbuch. 9 Bd. S 256) spricht das Opusculum „De reg. princip." dem heiligen Thomas vollständig ab. Die ausdrücklichen Zeugnisse der Zeitgenossen und Biographen des Thomas sind für ihn nicht vorhanden: „Uebrigens ist die unter den Werken des Thomas erhaltene Schrift De reg. princip., welche auf

am Ende des ersten Buches: „Haec igitur sunt quae ad regis officium pertinent, de quibus per singula diligentius tractare oportet." Und das zweite Buch, in welchem jene „pertinentia" dargelegt werden, schliesst mit den Worten: „Haec igitur de pertinentibus ad regimen cujuscumque domini (dominii?), sed praecipue regalis, in hoc libro in tantum sunt dicta."

Deshalb folgert Echart, dass das Buch als vollendet zu betrachten und kein Zusammenhang zwischen dem Zweiten und dem dritten Buche sei, in welchem „initium sumitur ab ovo." — Endlich sind im dritten und vierten Buche Ereignisse erwähnt, welche nach Thomas' Tode stattgefunden haben; wie zum Beispiel die Erwählung des Kaisers Rudolph, Ende 1273, und sein Tod am 1291, die Erwählung Adolphs von Nassau 1292 und dessen Ermordung durch Albrecht von Oesterreich 1298.

Dieses sind innere Gründe; wir besitzen aber noch weitere Beweise. So sagt Johannes de Columna ausdrücklich: „quod quidem opus minime complevit." Ausserdem schreibt Paulus Frigerio [1]) in seinem Leben des heiligen Thomas [2]): „L' opuscolo „De reg. princip." in quattro libri compilato, fu condotto da Tommaso fino al quarto capitolo del secondo libro, cioe insino a quelle parole:" Opportunum est igitur in conversatione humana modicum delectationis pro condimento habere, ut animus hominis recreetur." Il rimanente fu seguitato da Tolomeo Lucchese del medesimo Ordine, discepolo del Santo; come chiaramente apparisce da un antico manoscritto de' medesimi Opuscoli volgarizzati, somministratomi dalla somma benignità di Papa Alessandro VII, (1655) di santa memoria. Ove sopra le allegate parole del quarto capitolo del secondo libro leggesi nel margine cosi notato: „Qui finisce secondo il Beato Tommaso;" und in demselben Manuscript am Schluss des vierten Buches; „Qui comple il quarto libro

---

das Detail der aristotelischen Politik näher eingeht, nicht von ihm verfasst, sondern wohl aus seiner Schule hervorgegangen, kann aber erst gegen Ende des 14. Jahrhunderts geschrieben sein."

[1]) Paul Frigerio, Priester „Congregationis Oratorii;" geboren 1605. (Jöcher. ebd. II. Teil. S. 766.)
[2]) Libro I., capo 10. n. 7.

del re e del regno cominciato del venerabile dottore S. Tommaso d' Aquino, poscia compiuto da F. Tolomeo da Lucca del medesimo ordine che fu vescovo di Torcello." Man kann dieses Manuscript mit dem Florentiner vergleichen, welches diesen Titel trägt: „Liber de rege et regno, inceptus a ven. doctore S. Thoma de Aquino, ord. Praed., postea completus a F. Ptolomaeo de Lucha, ejusdem ordinis, qui tandem fuit episcopus Torcellanus."[1]) — Jourdain erwähnt auch ein Manuscript der Pariser Bibliothek[2]), welches mit den Worten endet, die in Alexanders VII. Manuscript als die letzten des heiligen Thomas bezeichnet sind; mit denselben Worten enden auch zwei lateinische Manuscripte, welche den Abteien der heiligen Genovefa und des heiligen Victor zu Paris gehörten, die Echard citirt und die heutzutage abhanden gekommen sind. — Dieselben Schlussworte finden wir auch in dem Venetianischen Codex der Bibliothek der Heiligen Johannes und Paulus.

Aus diesen inneren und äusseren Beweisen folgert Echard. und De Rubeis mit ihm: (α) dass das Opusculum des heiligen Thomas nur aus den ersten zwei Büchern besteht; (β) dass das dritte und vierte einen neuen Aufsatz bilden, welcher mit dem ersten gar nichts zu thun hat; (γ) dass Ptolomaeus von Lucca das zweite Buch vollendet habe. Das letztere bezweifelt De Rubeis nicht.[3]) Dagegen teilt er Echard's Ansicht nicht, dass Ptolomaeus auch der Verfasser des dritten und vierten Buches sei.[4])

[1]) Diese beiden Manuscripte stehen, wie offenbar ist, in enger Beziehung zu einander.

[2]) Ist von Marsand („I manoscritti italiani della biblioteca del re." in 4. t II., p. 7) beschrieben. Vergl. auch Paulin Paris „Les manuscrits français de la bibliothèque du roi." t. VII, p. 124. — Siehe auch Jourdain, ebd. 1 Bd. S. 146.

[3]) „Operam suam contulisse Ptolomaeum, ut coeptum a Doctore Angelico perficeret opus satis constat" (ebd. S. 501. I.)

[4]) Echard schreibt: „Nec leve ad eos Ptolomaeo asserendos argumentum est septem electorum institutio quae capite 19 libri 3, Gregorio V. tribuitur: nam Ptolomaeus primus est auctor cognitus, qui Hist. Eccl. lib 17. Cap. 2. hanc institutionem ad eum referat. Nec omittendum, auctorem istius libri tertii dicere ab ea institutione

Die Lebenszeit des Ptolomaeus und die Chronologie der erwähnten Ereignisse des dritten Buches stimmen, wie schon Echard richtig bemerkt hat, wirklich überein.[1] Dass aber desungeachtet Ptolomaeus nicht der Verfasser des dritten und vierten Buches ist, folgert Rubeis (ibid. Cap. 3) mit vollem Rechte daraus, dass das, was Ptolomaeus in seiner „Hist Eccl." schreibt, dem Inhalte des dritten und vierten Buches des „De reg. princip." absolut widerspricht. Die wichtigsten Argumente sind folgende: Im X. Kapitel des III. Buches „De reg. princip." liest man: „Primo quidem de Constantino apparet, qui Silvestro in imperio cessit. Item de Carolo Magno, quem Papa Adrianus imperatorem constituit. Item de Ottone I, qui per Leonem creatus, et imperator est constitutus." Und Ptolomaeus (Hist. Eccl. Kap. 17 lib. 17): „Venit Romam praedictus Otto in imperatorem coronatus: utrum autem per Papam Johannem (XII) aut post cessionem eius, historiae non faciunt mentionem, excepto Casentino, qui dicit Johannem ipsum coronasse. Sed Decretum[2]) aperte dicit, quod Leo VIII. Dist. 63, Cap. in

270 circiter annos effluxisse; quod mire quadrat cum chronologia Ptolomaei. Nam juxta illum, Gregorius V., electus fuit anno 1021, et mortuus est anno 1024, licet alii accuratiores aliter narrant: ab anno autem 1024 ad annum 1298, quo electus est Albertus Austriacus, sunt 270 anni paulo plus." Siehe De Rubeis — ebd. II. 3.

[1]) „Haec utique Ptolomaeo consonant, qui libro XVIII Hist. Eccl. Cap. I „ad annum 1021" refert „electionem Gregorii V," et Capite II., institutos narrat „ad petitionem Ottonis electores" et obitum Gregorii V. „cum anno 1024" illigat Capite V; et Libro XXIV. Cap. 27 „electionem Alberti Austriaci ad annum 1298" — ebd. II S. 503. — Vom 1024 bis 1298 ist eine Zwischenzeit von 274 Jahren. Die Zeitrechnung des Verfassers des III. Buches, welcher die erwähnten Ereignisse als zu seiner Zeit geschehen deutlich mitteilt („exemplum habemus etiam modernis temporibus"), stimmt mit der des Ptolomaeus überein. — Otto III. aber erhielt die Kaiserliche Krone im Jahre 983 (nicht 996, wie De Rubeis sagt,) und starb 1002; Gregor V. war Papst 996; ihm folgten 999 Silvester II. und 1003 Johannes XVII. und Johannes XVIII. — Pellican ist der erste, welcher in einer Ausgabe der „Opuscula" über die groben Anachronismen des dritten und vierten Buches „De reg. princ." aufmerksam gemacht hat.

[2]) Ist das „Decretum Gratiani," in welchem man aber keine Erwähnung der Krönung Otto's findet.

Synodo, coronavit eum, praesente Synodo, et easdem dignitates eidem contulit, quas Adrianus I. Carolo Magno concesserat."[1]) Und in demselben Kapitel des III Buches „De reg. princ." „Sed et Federico III. hoc idem accidit (quod deponeretur) per Honorium Innocentii immediatum successorem." — Ptolomaeus dagegen (Lib. 24, Cap. 3): „Advocatis Praelatis Lugdunum .... Concilium est inchoatum .... Jnnocentius Imperatorem Romanum deponit."[2]) Aus diesem Grunde schliesst Rubeis mit Recht, dass Ptolomaeus die zwei letzten Bücher unserer Schrift nicht verfasst habe.

Hiervon abgesehen stimmen Echard und Rubeis darin überein, dass das dritte und vierte Buch dem heiligen Thomas durchaus abzusprechen seien, und dass das zweite von Thomas unvollendete Buch von Ptolomaeus fortgesetzt und vollendet worden sei. Hierfür ist der Beweis nicht erbracht.

Ich behaupte, dass das ganze Opusculum als das echte Produkt des Genie des Thomas von Aquino anzusehen sei.[3]) Wir besitzen die wichtige Mitteilung des Johannes Colonna,

---

[1]) Leo VIII., Gegenpapst (963—65) und unmittelbarer Nachfolger Johannes' XII. (vorher Octavianus.) Dieser ist der erste Papst, welcher nach der Ernennung seinen Namen verändert.

[2]) Dem Papste Innocentius III. (1198) folgt Honorius III. (1216); diesem Gregorius IX. (1227); ihm Celestinus IV. (1241) und diesem Innocentius IV. (1243). Friedrich II. ist von Honorius III. gekrönt, von Gregorius IX. excommuniziert, von Innocentius IV. auf dem Concil zu Lion 1244 abgesetzt worden.

De Rubeis (ebd. Cap. III. S., 503 ff.) bemerkt noch zehn Widersprüche zwischen dem dritten Buche „De reg. princ." und der „Hist. Eccl." des Ptolomaeus. Es ist überflüssig, noch weiter zu beweisen, dass Ptolomaeus dieses Opusculum nicht fortgesetzt hat. — So schliesst jedoch De Rubeis bescheiden seine Bemerkungen: „Haec dictorum dissonantia dubium ingerit quod peritioribus expendendum relinquo num illud Opusculum de Reg. Princ. elucubraverit Ptolomaeus?" ebd. S. 504.

[3]) Nicht weit von dieser Meinung ist Jourdain: „L'objection (der Unordnung) perd, il est vrai, de la force quand on se reporte a l'indication précieuse qui est donnée par Jean de Colonne; car si, comme il le dit, l'ouvrage est resté inachevé, les imperfections qui s'y trouvent n'ont rien d'étonnant, et on peut supposer que l'auteur les aurait corrigées à la révision." ebd. I Bd. S. 143. — So auch Förster ebd. S. 835.

welcher nichts anders versichert, als dass der heilige Thomas sein Werk nicht vollendet hat; „*vollenden*" aber braucht nicht zu bedeuten, dass er das dritte und vierte Buch durchaus nicht vorbereitet habe. — Johannes Colonna sagt nur: „*quod quidem opus minime complevit.*" Was bedeutet denn dieses „*minime complevit?*" Nichts anders als „*ad unguem non perduxit, non castigavit.*" Der Tod hat Thomas überrascht, und er hat die Zeit nicht gehabt, das, was er schon niedergeschrieben hatte, in logischem Zusammenhang zu bringen. Johannes Colonna spricht in allgemeiner Weise; er gibt durchaus nicht an, wo das echte Werk des Thomas endet; er spricht vom Ganzen.

— Man hat das „*minime*" allein betont und das „*complevit,*" welches nur in Zusammenhang mit „*minime*" zu betrachten ist, vollständig falsch ausgelegt. Wenn Johannes Colonna das hätte sagen wollen, dass Thomas von Aquino nur einen Teil des Opusculums verfasst hätte, würde er ganz anders, genauer, nicht so unbestimmt sich ausgedrückt haben: er hätte in diesem Falle sicher gesagt; „*Quod quidem opus non absolvit;*" er würde nicht das Zeitwort „*complere*" gebraucht haben, welches ganz andere Bedeutungen haben kann. Und ausserdem ist es wenigstens unbedacht, auch die letzten Worte, welche der heilige Thomas geschrieben habe, mit Sicherheit bestimmen zu wollen! — Wer weiss nicht, dass kein Buch ohne vorläufige Studien, plötzlich, aus einem Gusse entstehen kann? Die natürlichste, einfachste Auslegung der Worte Johannes Colonna's ist folglich diejenige, welche ich gegeben habe. Wenn auch Thomas alle Vorbereitungen für seinen Aufsatz nicht hätte benutzen und nur einen Teil von diesen in eine endgültige Fassung hätte bringen können, so folgt daraus nicht, dass er nur das erste Buch und drei Kapitel des zweiten geschrieben, und ein Anderer das zweite vollendet habe; und noch weniger die sonderbare Behauptung, dass keine Beziehung zwischen den ersten und den letzten zwei Büchern zu finden sei.

Man erwidert, dass am Ende des zweiten Buches diese Worte besonders zu bemerken sind: „*Haec igitur de pertinentibus ab regimen cujuscumque Domini, sed praecipue Regalis, in hoc libro in tantum sunt dicta,*" welche jede Verbindung mit den anderen Büchern verneinen. Auch vorausgesetzt, dass, die vollständige Ausarbeitung von Thomas' eigener Hand bis zu den schon citirten Worten des vierten Kapitels des zweiten Buches geht, kann ich doch nicht annehmen, dass Ptolomaeus von Lucca nicht bloss das dritte und vierte Buch verfasst, sondern auch dass zweite fortgesetzt habe. Warum hat Johannes Colonna darüber geschwiegen?[1] Warum, was noch sonderbarer ist, meldet Ptolomaeus selbst nichts davon an derselben Stelle, wo er bezeugt, dass Thomas der Verfasser des „De reg. princ." ist? — Kurz: alles beruht auf dem Zeugnisse eines Schriftstellers des XVII. Jahrhunderts, des Paul Frigerio, welcher in einem Manuscript der italienischen Uebersetzung der Opuscula des heiligen Doktors die schon erwähnte Bemerkung, welche höchstwahrscheinlich von anderen Manuscripten ganz mechanisch abgeschrieben worden ist, gelesen haben will.[2]

---

[1] Das konnte Johannes wissen (er starb zwischen 1280 und 1290), da er selbst ein Dominikaner, wie Ptolomaeus, war und er vermutlich alles, was ein so wichtiges Thema berührte, hätte kennen müssen.

[2] Nicolaus Thömes hält in der schon citirten Abhandlung (Paragr. 3 De Opusculis. S. 36—43) die Meinung von Echard und Quetif für absolut unbestreitbar, und wundert sich, dass Lorenz, welcher Thomas von Aquino den ganzen Traktat zuschreibt, („Deutsche Gesch. im 13. Jahrh." S. 18 ff. und „Deutschlands Geschichtsquellen" S. 305 ff.) „miro modo cognitam habet condicionem criticam ex Quetifo, sed nusquam adhibet." (S. 39 Anmerkg.) Am meisten tadelnswert aber erscheint Thömes, dass auch Werner („Der heilige Thomas" I Bd. S. 798. 799) die Resultate der Echardschen Kritik nicht angenommen habe, obwohl er sie kannte: „Hoc ideo acri animadvertendum attentione censemus, quod Werner, cui in Germania de Thomae scriptis plurima notitia attribuitur, Echardum et Quetifum, cum cognovisset citaretque, aliis de rebus, in hac quaestione non secutus est" ebd. S. 41. — Die Gründe aber der Kritik Quetif's und Echard's sind in der That unhaltbar. Nur auf die ganz äusserliche Autorität von 5 Codices gründet sich ihre Meinung:

I. Codex Genovef. — Endet mit der Worten des IV. Kapitels im II. Buche: „ut animi hominum recrearentur."

II. Codex Victorinus. Bis zu den Worten des V. Kapitels des II. Buches: „ac diffusius documentum tradidit. Hinc."

III. Codex der italienischen Uebersetzung erwähnt von Paul Frigerio.

Die ersten Biographen und Zeitgenossen Thomas' aber, selbst derjenige, welcher der vermutete Fortsetzer ist, schweigen vollständig darüber. Ich wiederhole deshalb, (α) dass der Aufsatz „De regim. princ." dem ganzen Inhalt nach Thomas von Aquino gehört; (β) dass der heilige Doktor sein Werk unvollendet gelassen hat, nicht im Sinne, dass er nur einen Teil des Opusculums verfasst habe, sondern dass ihm die Zeit gefehlt hat, die ganzen schon gesammelten Materialien geordnet zusammen zu stellen: in dieser Weise ist auch die Verwirrung des in vier Bücher eingeteilten Aufsatzes natürlich erklärt; (γ) dass Ptolomaeus von Lucca weder der Verfasser eines Teils des zweiten noch des dritten und vierten Buches ist; (δ) dass endlich die chronologischen Fehler als ein im Mittelalter nicht seltener Einschub dem unbekannten Amanuensis zuzuschreiben sind, welcher die hinterlassenen Manuscripte des heiligen Thomas zusammen verschmolzen hat.

Der Aufsatz „De reg. princ." von Thomas von Aquino hat, wie die anderen Werke des heiligen Doktors, einen grossen Einfluss auf das Mittelalter und auch auf die nächsten Jahrhunderte ausgeübt, [1]) und alle diejenigen in Erstaunen gesetzt, welche die mittelalterliche Politik mit Ernsthaftigkeit

---

IV. Die italienische Uebersetzung des Codex Colbertensis, welche mit den Worten des Genovefensis und des von Frigerio citirten schliesst: „ma bisogno é nella conversatione humana poco de diletto, quasi per condimento d'avere, a ció che li animi de li omeni si ricevano recreatione oio e riposo."

V. Endlich der Codex Mediceus, mit dem Titel: „Liber de rege et regno, inceptus a ven. doctore S. Thoma de Aquino ord. Praed. postea completus a. F. Ptolomaeo de Lucha ejusdem ordinis, qui tandem fuit episcopus Torcellanus." Die beiden gelehrten Dominikaner selbst geben aber zu, dass alle anderen Manuscripte den ganzen Aufsatz ohne Anmerkung enthalten und Thomas von Aquino zuschreiben: „Codices alii Ms. quatuor libros sine ulla distinctione exhibent." (Siehe „Scriptores Ordinis Praedicatorum." von Jacobus Quetif und Jacobus Echard. — Lutetiae Parisiorum. M. DCC. XIX. S. 336–337.)

[1]) Siehe Schreiber. ebd. S. 8.

durchdacht haben, und er enthält gewissermassen den Kern der politischen Lehre der Kirche.¹) Gewiss nicht alle politischen Ansichten des Thomas sind der modernen Zeit angemessen: es ist aber nicht übertrieben zu behaupten, dass die Gesellschaft Heilmittel für ihre Uebel auch heutzutage in mancher Hinsicht aus ihm schöpfen könnte. Eben in dieser Ueberzeugung werde ich den Inhalt der IV Bücher des Traktates „De regimine princip." in seinen Grundzügen kurz darlegen.²)

---

¹) So urteilt Walter über das Opusculum „De reg. princ." Das ganze Werk zeichnet sich durch Reichhaltigkeit, Scharfsinn, Selbständigkeit des Urteils und durch die ausgebreitete Kenntniss der alten Schriftsteller und der heiligen wie der Profangeschichte aus." ebd. S. 408.
Merkwürdig, um nichts mehr zu sagen, ist, was Karl von Kaltenborn („Die Vorläufer des Hugo Grotius auf dem Gebiete des jus naturae et gentium sowie der Politik im Reformationszeitalter" Leipzig. 1848. S. 43) darüber schreibt: „Am vollständigsten und mit dem meisten Scheine einer selbständigen wissenschaftlichen Entscheidung finden sich die mittelalterlichen Rechtsansichten bei dem berühmten Scholastiker und Heiligen Thomas von Aquino entwickelt." Aber bei ihm „ist die Sprache scholastisch schwülstig, die Dialektik spitzfindig und weitschweifig, überhaupt die Darstellung *unklar, unverständlich,* voller *Sprünge und Widersprüche."* Kaltenborn gesteht trotzdem, dass Thomas „der Hauptrepräsentant der mittelalterlichen Doctrin vom Rechte zu nennen" sei.

²) Es gibt zwei gute Kommentare des Opusculums „De reg. princip." Der erste („Tractatus Regiminis Princip. D. Thomae Selecta Expositio per Rev. Patrem Vincentium Mariam De Grossis Mantuanum. (Dominikaner; lebte noch 1674) Venetiis M. DC. LXX. IX) besteht aus 75 Traktaten und 343 Diskursen in der gründlichsten scholastischen Art; der zweite (R. P. Hieronymi Salzedo [ein Franziskaner † 1670] Matritensis Commentarii et Dissertationes Philotheo-historico-politicae in Opusc. D. Thomae De Aquino. „De reg. princ." — Francofurti. Anno M. DC. LV.) enthält 50 Dissertationen.

Vom Fürstenregiment an den König von Cypern.

I. Buch.

Nach einer kleinen Einleitung, in welcher der heilige Doktor den Jnhalt des ganzen Opusculums zusammenfasst,[1]) tritt er alsbald mit dem ersten Buche in die Erörterung der politischen Fragen ein. Das erste Buch besteht aus 15. Kapiteln. I. Kap. — Er beweist im ersten Kapitel, dass es nötig ist, dass Menschen, die in einer Gesellschaft zusammen vereinigt sind, von einem Anderen regiert werden. Dem Aristoteles folgend behauptet Thomas, dass der Mensch ein politisches Wesen sei („ὅτι ἄνθρωπος φύσει πολιτικὸν ζῶον"); er muss deswegen von einem Anderen geleitet werden, um seinen Zweck zu erreichen;[2]) das Gegenteil würde stattfinden, wenn der Mensch von Natur aus zur Gesellschaft nicht bestimmt wäre.[3]) Die unvernünftigen Tiere, von der Natur geführt, erreichen durch sich selbst ihren Zweck; das ist aber nicht den Menschen gegeben; ihnen muss von Andern geholfen werden. Zu dem Zweck besitzt der Mensch die Sprache, durch welche er sich selbst Seinesgleichen mitteilen kann.[4]) In der ganzen Natur ist eine Stufenfolge von dem Niederen zum Ueberlegenen ; es muss ebenso auch in der menschlichen

---

[1]) „..... in quo et regni originem et ea, quae ad regis officium pertinent, secundum Scripturae divinae auctoritatem, philosophorum dogma et exempla laudatorum principum diligenter depromerem." (Parmae. Typis Petri Fiaccadori. MDCCCLXV Tom. XVI. S. 225).

[2]) „est igitur homini naturale, quod in societate multorum vivat." Ebd.

[3]) „et si quidem homini conveniret singulariter vivere, sicut multis animalium, nullo alio dirigente indigeret ad finem .. " ebd.

[4]) „Hoc etiam evidentissime declaratur per hoc, quod est proprium hominis locutione uti, per quam unus homo aliis suum conceptum totaliter potest exprimere." Lib. I. Cap. 1 S. 225.

Gesellschaft sich ein Herrschendes finden.⁵) Das Regiment ist gut, wenn es nach dem Wohle der Regierten strebt; sonst ist es schlecht. Das gerechte Regiment kann in Politie, Aristokratie, oder Monarchie eingeteilt werden, je nachdem durch Mehrere, Wenige oder Einen die Herrschaft ausgeübt wird; auf dieselbe Weise kann man das ungerechte Regiment in Demokratie, Oligarchie, und Tyrannei einteilen. — Diese Einteilung stimmt mit der Aristotelischen überein.⁶) Es gehört zum Wesen des Königs, dass er Einer ist.⁷)

II. Kap. — Es ist nützlicher, dass eine Gesellschaft von Einem, als von Mehreren regiert werde. Es ist auch natürlicher: das können wir in der ganzen Welt sehen, die selbst von einem Gott regiert wird;⁸) ausserdem wird durch das Regiment eines einzigen Regierenden der Friede in der Gesellschaft besser erhalten.

III. Kap. — Wie die gerechte Herrschaft eines Einzigen die beste ist, so ist sie die schlechteste, wenn sie ungerecht ist.⁹) Das ist logisch; ungeteilte Kraft ist wirksamer, als geteilte, und desto schädlicher, wenn sie einem bösen Ziel zustrebt.¹⁰) So ist die Tyrannei nachteiliger als die Oligarchie, und diese noch schädlicher als die Demokratie. Das III. Kapitel schliesst mit einer wirksamen Be-

---

⁵) „Oportet igitur esse in omni multitudine aliquod regitivum." S. 226.

⁶) (Politik. III. Kap. V.) Die Bedeutung des Wortes „Demokratie" ist heutzutage eine vollständig andere geworden und entspricht vielmehr der der Politie. ..("Όταν δὲ τὸ πλῆθος πρὸς τὸν κοινὸν πολιτεύηται συμφέρον, καλεῖται τὸ κοινὸν ὄνομα πασῶν τῶν πολιτειῶν, πολιτεία." Pol. ebd.) Barthélemy St. Hilaire (ebd. I. Bd. S. 249) übersetzt darum „Demokratie" mit "Demagogie."

⁷) „ . . . de ratione regis est quod sit unus, qui praesit, et quod sit pastor, commune multitudinis bonum, et non suum commodum quaerens." S. 226.

⁸) „ . . . et in toto universo unus deus factor omnium et rector." Kap. II, S. 227.

⁹) „Sicut autem regimen regis est optimum, ita regimen tyranni est pessimum." Kap. III. S. 227.

¹⁰) „Sicut igitur utilius est virtutem ad bonum esse magis unam, ut sit virtuosior ad operandum bonum, ita magis est nocivum, si virtus operans malum sit una, quam divisa." ebd. S. 227.

schreibung des Tyrannen, welcher in fortwährendem Verdacht lebend die Zwietracht fördert, um zu verhindern, dass die Bürger sich gegen ihn vereinigen, und die Tugend unterdrückt, weil er sich fürchtet, dass die Tugendhaften seine Tyrannei nicht ertragen werden;[11]) deshalb sind unter einem tyannischen Regiment sehr wenige Tugendhafte vorhanden.[12])

IV. Kap. — Im vierten Kapitel illustrirt Thomas das Gesagte durch das Beispiel des Regiments der Römer und der Juden.

V. Kap. — Die Tyrannei entsteht aber leichter bei der Herrschaft Mehrerer, als bei der Herrschaft eines Einzelnen. Bei der Herrschaft Mehrerer kommt sehr oft vor, dass Einer mit der Meinung der Anderen nicht übereinstimmt; es folgt daraus Uneinigkeit und Aufstand in der Gesellschaft, und damit zugleich der Verlust des Friedens.[13]) Das kommt bei der Tyrannei nur in den äussersten Fällen vor. Sobald der Aufstand ausgebrochen ist, ragt nicht selten Einer über die Anderen hervor und versucht seine Macht dem Volke aufzulegen. Die Geschichte beweist das vollständig: bei den Römern z. B. hat jedes Regiment Vieler mit Tyrannei geendet. Auch aus diesem Grunde ist es vorzuziehen unter einem König zu leben, als unter der Herrschaft Vieler.[14])

VI. Kap. — Es ist darnach anzunehmen, dass die Herrschaft eines Einzelnen die beste sei.

---

[11]) „Tyrannis enim magis boni quam mali suspecti sunt, semperque his aliena virtus formidolosa est." ebd. S. 227.

[12]) „Ex hoc autem contingit, ut dum praesidentes, qui subditos ad virtutes inducere deberent, virtuti subditorum nequiter invident, et eam pro posse impediunt, sub tyrannis pauci virtuosi inveniantur." ebd. S. 228. — Diese Beschreibung ist mit der des Aristoteles zu vergleichen. (Politik VIII. 9. S. 459. Ausgabe von Barthélemy St. Hilaire.)

[13]) „Dissentio enim quae plurimum sequitur ex regimine plurium, contrariatur bono pacis, quod est praecipuum in multitudine sociali . . ." Kap. V. S. 228.

[14]) „Si igitur regimen quod est optimum regimen, maxime vitandum videatur propter tyrannidem, tyrannis autem non minus sed magis contingere solet in regimine plurium quam unius, relinquitur simpliciter magis esse expediens sub rege uno vivere, quam sub regimine plurium." ebd. S. 229.

In diesem wichtigen Kapitel erteilt der heilige Doctor den Unterthanen Ratschläge, wie sie darauf wirken können, dass der König die Tyrannei vermeide, und erklärt, dass, wenn auch der Regierende tyrannisirt, man es dulden müsse, um das grössere Uebel zu vermeiden. Derjenige ist zuerst zum König zu ernennen, von welchem man vermutet, dass er mit Mässigung regieren wird: jede Gelegenheit zu tyrannisiren ist ihm ausserdem zu nehmen, und man muss ihm deshalb keine übermässige Herrschaft übertragen. Im Falle aber, dass die königliche Macht in Tyrannei ausartet, ist der Tyrann trotzdem zu dulden, damit man einem grösseren Uebel entgehe. Die Aufständischen können leicht überwunden werden, und so würde der Tyrann schlimmer als früher. Es kommt auch oftmals vor, dass derjenige, welcher den Tyrann umgebracht hat, selbst Tyrann wird, und dass er, da er sich fürchtet, dasselbe zu leiden, was er dem Anderen gethan hat, die Unterthanen in noch härterer Knechtschaft hält.[15] Wenn auch die Tyrannei übermässig ist, muss man doch Geduld haben. Es fehlt nicht an Leuten, welche ganz anderer Meinung sind. Im alten Testament besitzen wir Beispiele dafür; das stimmt aber mit der apostolischen Lehre nicht überein.[16] Diejenigen überhaupt, welche gegen den Tyrannen aufstehen, sind gewöhnlich die schlimmsten. Wenn aber die Tyrannei so schwer ist, dass es unmöglich ist sie zu ertragen, scheint es richtiger, von Staatswegen als mit persönlicher Autorität vorzugehen. Wenn der König von den Unterthanen ernannt war, können dieselben ihn auch wieder absetzen, und das mit Fug und Recht, wenn sie ihm auch den Eid der Treue geleistet hätten, da der Tyrann selbst die Bedingungen verachtet hat, unter welchen er ausgewählt war.

---

[15] „Contingit etiam, ut interdum dum alicuius auxilio multitudo expellit tyrannum, ille potestate accepta tyrannidem arripiat, et timens pati ab alio quod ipse in alium fecit, graviori servitute subditos opprimat. Sic enim in tyrannide solet contingere, ut posterior gravior fiat quam praecedens . . ." Kap. VI. S. 229.

[16] „Docet enim nos Petrus non bonis tantum et modestis, verum etiam discolis dominis reverenter subditos esse." (2. Petr. 2.) ebd. S. 229.

Wenn aber der König von höherer Autorität für die Gesellschaft ausersehen worden ist, muss man gegen ihn zu dieser seine Zuflucht nehmen. Wenn aber alles vergebens geschieht, muss man zu demjenigen sich wenden, welcher der König über Alle ist.[17]) Wegen der Sünden gestattet Gott, dass Frevler sein Volk regieren; es muss darum von seinen Sünden lassen.

VII. Kap. — Es wird nun weiter gefragt welcher Grund einen König zum Regieren bewegen kann, ob Ehre oder Ruhm, und es wird bewiesen, dass keines von beiden ein hinlänglicher Preis ist. Nach diesen vergänglichen Gütern darf der König nicht trachten, da sie den Menschen unselbständig machen, dem Könige aber nichts mehr geziemt als Selbständigkeit und Grossherzigkeit.[18])

VIII. Kap. — Der Beweggrund eines gerechten Fürsten kann nur in dem Lohne bestehen, den er von Gott erwartet. Der Lohn für den gerechten König ist die ewige Seligkeit, d. h. Gott selbst.[19])

IX. Kap. — Dieses Kapitel ist dem Beweise gewidmet, dass derjenige, welcher in würdiger Weise die Pflichten des Herrschers erfüllt, nothwendig einen besonders hohen Grad der himmlischen Glückseligkeit erhalten werde. Einem grösseren Verdienst kommt auch ein grösserer Lohn zu; es ist aber eine grössere Tugend, die Anderen zu leiten, als nur sich selbst; deshalb gebührt dem gerechten Fürsten ein Lohn, welcher der höchste Grad in der Seligkeit ist.[20]) Weniger Lob verdient derjenige, welcher zu gehorchen, als wer zu gebieten

---

[17]) „Quod si omnino contra tyrannum auxilium humanum haberi non potest, recurrendum est ad regem omnium Deum . . ." Kap. VI. S. 230.

[18]) „Nihil autem principem, qui ad bona peragenda instituitur, magis decet quam animi magnitudo." Kap. VII S. 230.

[19]) „Tendit enim unius cuiusque rei desiderium in suum principium, a quo esse suum causatur. Causa vero mentis humanae non est aliud quam Deus, qui eam ad suam imaginem facit. Solus igitur Deus est, qui hominis desiderium quietare potest et facere hominem beatum, et esse regi conveniens praemium." Kap. VIII. S. 232.

[20]) „Est autem praecipue virtus qua homo aliquis non solum se ipsum, sed etiam alios dirigere potest: et tanto magis, quanto plurium est regitiva . . ." Kap. IX. S. 232.

weiss [21] Ferner ist es die Wirkung der Tugend, die Handlungen der Menschen tugendhaft zu machen. Eine grössere Tugend wird deshalb diejenige sein, welche ein grösseres Gut hervorbringt. Das geschieht durch die Tugend eines Regierenden, welche heilsame Wirkung auf die Gesellschaft ausübt, mehr als durch die individuelle Tugend. Etwas wichtigeres ist das Wohl der Gesellschaft, als das des Jndividuums; man duldet vielmehr um des gemeinsamen Wohlseins willen ein Privatübel. Das bemerken wir in der Welt, wo Gott das Uebel gestattet, um etwas Gutes daraus entstehen zu lassen. [22] Es wird überdies dem König sehr schwer sein, unter den Schmeicheleien und Ehrbezeigungen demütig zu bleiben; eines desto grösseren Lobes wert wird daher eine gerechte Regierung sein, wie Gott selbst versprochen hat.

X. Kap. — Während der wahre Lohn einer gerechten Herrschaft in der himmlischen Seligkeit besteht, hat sie auch zeitliche Güter zur Folge, die nicht an erster Stelle begehrt werden dürfen. Es gibt kein grösseres Gut als die Freundschaft: diese aber beruht auf einer gewissen Gemeinsamkeit. Da der gerechte Fürst das von allen gewollte Wohl zu fördern sucht, so wird er sich die dauernde Liebe aller erwerben. [23]

Das Gegenteil erfährt der Tyrann, welcher in Wahrheit als ein Heuchler zu betrachten ist, da er die königliche Gewalt übernommen hat, um dieselbe in Tyrannei umzusetzen. [24] Thomas wiederholt hier mit lebendigen Farben die Beschreibung des Tyrannen.

[21] „... in omnibus artibus et potentiis laudabiliores sunt qui alios bene regunt, quam qui secundum alienam directionem bene se habent." ebd. S. 232.

[22] „... et ipse Deus mala esse in mundo non sineret, nisi ex eis bona eliceret ad utilitatem et pulchritudinem universi." ebd. S. 233.

[23] „Sed boni reges dum communi profectui studiose intendunt, et eorum studio subditi plura commoda se assequi sentiunt, diliguntur a plurimis dum subditos se amare demonstrant." Kap. X. S. 234.

[24] „Nullus autem verius hypocrita dici potest quam qui regis assumit officia, et exhibet se tyrannum." ebd. S. 234.

XI. Kap. — Auch die irdischen Güter, wie Reichtum, Macht, Ehre, Ruhm werden mehr dem gerechten König, als dem Tyrannen zuteil. Der Tyrann wird überdies zur ewigen Strafe verdammt. Je strenger ein weltlicher König den ungerechten Diener, desto schärfer wird Gott den bösen König strafen.[25])

XII. Kap. — Der König muss also in der Gesellschaft das sein, was die Seele im Körper und Gott in der Welt ist. Dieses wird auf Grund der Natur in Betrachtung gezogen. Die Kunst ahmt die Natur nach, und so muss auch das gerechte Regieren nach der Natur sich bilden. Wir können in der Natur zwei Leitungen, eine universale und eine besondere, unterscheiden. Durch die universale wird die ganze Welt von Gott regiert; die besondere ist diejenige, welche die göttliche Regierung am besten nachbildet, und findet sich bei dem Menschen, welcher deswegen die kleine Welt genannt wird, weil er die Art einer universalen Regierung in sich wiederspiegelt.[26]) Derjenige, welcher das überlegt, wird ein guter Regierender sein, die Gerechtigkeit schätzen, seine Aufgabe in der Gesellschaft in der Ausübung der Gerechtigkeit an Gottesstatt erkennen, Milde und Gnade üben, seine Unterthanen als Glieder seines Leibes ansehen.[27])

XIII. Kap. — Die Regierungsweise eines Königs muss sich bilden nach den Bestimmungen, welche Gott selbst in der Schöpfung der Welt festgesetzt hat. Was Gott in der Welt thut, das muss der König in der Gesellschaft thun. In doppelter

---

[25]) Sicut enim terrenus rex gravius punit suos ministros, si invenit eos sibi contrarios; ita Deus magis puniet eos quos sui regiminis executores et ministros facit, si nequiter agant, Dei judicium in amaritudinem convertentes." Kap. XI. S. 235.

[26]) „Nam sicut universa creatura corporea et omnes spirituales virtutes sub divino regimine continentur; sic et corporis membra et caeterae vires animae e ratione reguntur; et sic quodammodo se habet ratio in homine, sicut Deus in mundo." Kap. XII S. 235.

[27]) „Quae si diligenter recogitet, ex altero justitiae in eo zelus accenditur, dum considerat ad hoc se positum ut loco Dei judicium regno exerceat; ex altero vero mansuetudinis et clementiae lenitatem acquirit, dum reputat singulos qui suo subsunt regimine, sicut propria membra." Kap. XII S. 235.

Weise wirkt Gott in der Welt; durch die erste Wirkung erschafft Gott die Welt, und durch die zweite leitet er sie. Dieselben Wirkungen übt die Seele im Leibe aus; durch die Kraft der Seele wird der Leib gebildet und durch dieselbe geleitet und bewegt. Die zweite von diesen Wirksamkeiten ist dem König eigentümlicher als die erste, welche nicht allen Königen zukommt, da nicht alle Könige eine neue Stadt oder ein neues Königtum gegründet haben. Wenn aber jemand eine Stadt errichten will, muss er der Ordnung folgen, welche Gott in der Schöpfung der Welt vollzogen hat. Er muss zuerst die Gegend genau betrachten, in welcher die Stadt zu bauen sei, ob sie gesund, angenehm, leicht zu beschützen ist, und überdies jedermann nach seinen Anlagen die Aemter austeilen.[28])

XIV. Kap. — Ein gerechter König muss also die Gesellschaft regieren nach der Weise der göttlichen Regierung in der Welt. Und was ist endlich regieren? Nichts anders, als in der gebührenden Weise zu dem vorbestimmten Ziele führen. So geschieht es bei der Leitung eines Schiffes. Der letzte Zweck der Menschen ist aber die Seligkeit. — Dies ist der einzige und der richtige Zweck. Die Menschen müssen in der Gesellschaft der Tugend gemäss leben, um zur ewigen Seligkeit geleitet zu werden.[29]) Der Zweck der menschlichen Gesellschaft ist aber nicht das tugendhafte Leben an und für sich, sondern durch die Tugend den Genuss Gottes zu erreichen.[30]) Wenn man nur durch menschliche Kraft ein solches Ziel erlangen könnte, würde es zu den Bestrebungen eines Königs gehören müssen, die Menschen zu diesem Ziel hinzuführen. Dieses aber werden die Menschen nur durch einen König

---

[24]) „Demum vero providendum est, ut singulis necessaria suppetant secundum uniuscuiusque constitutionem et statum: aliter enim nequaquam posset regnum vel civitas commanere." Kap. XIII. S. 236.
[29]) „Videtur autem finis esse multitudinis congregatae, vivere secundum virtutem." Kap. XIV S. 236.
[30]) „Non est ergo ultimus finis multitudinis congregatae vivere secundum virtutem, sed per virtuosam vitam pervenire ad fruitionem divinam:" ebd. S. 237.

allein erlangen, durch Christus, welcher nicht nur Mensch, sondern auch Gott ist. Die Verwaltung und Leitung dieses Königtums, dessen König Christus ist, ist den Priestern und insbesondere seinem Stellvertreter, dem Papste, übertragen worden, welchem alle christlichen Könige unterworfen sein müssen, wie dem Herrn Christo selbst.³¹) Den Königen wird darum die Fürsorge für das secundäre Ziel und dem Papste für das primäre und letzte Ziel überlassen; das secundäre Ziel aber steht unter dem primären: so muss auch der christliche König dem Papste unterthan sein.

XV. Kap. — Die Gesellschaft erlangt durch die Tugend nicht nur das letzte Ziel, sondern auch, so weit es möglich ist, das Glück auf der Erde. Es muss daher der König alles vermeiden, was dem Volke das zeitliche Glück fern hält: für das Ewige müssen die Priester sorgen. Um die Gesellschaft zu der möglichen Glückseligkeit hinzuführen, sind drei Mittel nothwendig: tugendhaftes Leben, Beharrung in der Tugend und Vervollkommnung. Zum glücklichen Leben des Menschen führt erstens die Tugend, zweitens ein zureichender Vorrat von irdischen Gütern; die erste Bedingung ist das Hauptsächliche, die zweite ist das Secundäre, aber zur Ausübung der Tugend notwendig.³²) Zur guten Lebensführung der Gesellschaft ist dreierlei erforderlich: sie muss erstens in friedlicher Vereinigung verharren; zweitens muss sie zum Guten geleitet werden; drittens muss die Fürsorge des Königs die Gesellschaft mit einer ausreichenden Menge von irdischen Gütern versehen, welche zur guten Lebensführung nothwendig sind. Ausserdem sind die Vorteile zu bewahren, welche man durch die Erfüllung dieser Bedingungen erhalten hat. Dieses

---

³¹) „Huius ergo regni ministerium, ut a terrenis essent spiritualia distincta, non terrenis regibus, sed sacerdotibus est commissum, et praecipue summo Pontifici . . . . . . cui omnes reges populi christiani oportet esse subditos sicut ipsi Domino Jesu Christo." ebd. S. 237.

³²) „Ad bonam autem unius hominis vitam duo requiruntur: unum principale, quod est operatio secundum virtutem (virtus enim est qua bene vivitur); aliud vero secundarium et quasi instrumentale, scilicet corporalium bonorum sufficientia, quorum usus est necessarius ad actum virtutis." Kap. XV S. 238.

wird der König erlangen (ɑ) durch die continuirliche Besetzung der Aemter und durch Ersetzung der untauglichen Beamten durch taugliche; (β) durch Anwendung der Gesetze unterstützt durch Belohnung und Strafe; (γ) durch Schutz der Gesellschaft gegen Feinde.[33])

Zusatz.

Es scheint an dieser Stelle die Frage wohl angebracht, ob Thomas von Aquino im sechsten Kapitel dieses Buches wirklich den Tyrannenmord gelehrt hat. Sein Gedanke ist darüber sehr klar.

Er empfiehlt den Unterthanen Mässigung und Geduld: er beruft sich überdies auf die Autorität der apostolischen Lehre, welche den Tyrannenmord verbietet.[1]) Ferner gestattet der heilige Doktor den Unterthanen die Zuflucht zu einer höheren Autorität, wenn der König, welcher tyrannisirt, von dieser abhängig ist. Er spricht aber den Privaten nicht nur das Recht des Tyrannenmordes absolut ab, sondern er verbietet auch, gegen die Bedrückung des Tyrannen nach persönlicher Ansicht vorzugehen.[2])

Wie können denn die Kommentatoren des Thomas von Aquino aus dieser Milde die Lehre des Tyrannenmordes ableiten? Es bedurfte dazu einer Menge von Spitzfindigkeiten. Die Meinung, dass die Thomistische Lehre den Tyrannenmord begünstigte, ist zuerst in Frankreich bei Gelegenheit der Ermordung des Herzogs von Orléans (1407) von dem Pariser Theologen Jean Petit aufgestellt worden. Dieser

---

[33]) „... triplex cura imminet regi. Primo quidem de successione hominum et substitutione illorum qui diversis officiis praesunt.... Secundo autem ut suis legibus et praeceptis, poenis et praemiis homines sibi subjectos ab iniquitate coerceat, et ad opera virtuosa inducat... Tertio imminet regi cura ut multitudo sibi subjecta contra hostes tuta reddatur." Kap. XV S. 238.

[1]) „Sed hoc apostolicae doctrinae non congruit." De reg. princ. Kap. VI Lib. I S. 229.

[2]) „Videtur autem magis contra tyrannorum saevitiam non privata praesumptione aliquorum, sed auctoritate publica procedendum." De reg. princ. Kapitel VI. Lib. I, S. 230.

nannte die That eine gerechtfertigte und stützte sich dabei auf die Autorität des Thomas von Aquino. Seine Behauptung wurde aber von Gerson, Kanzler der Pariser Universität, zurückgewiesen und vom Concil zu Kostnitz verdammt. (Acta Conc. Const. sess. XV.) Auch ist dieselbe Frage erörtert worden, als die Jesuiten vom französischen Parlament der Vertheidigung des Königsmordes beschuldigt wurden. Es hat nicht an Theologen gefehlt, die behaupteten, dass nach der Thomistischen Lehre ein gewaltsames Vorgehen gegen Tyrannen auf Grund der persönlichen Ansicht Einiger (privata praesumptione) verboten, dem Staate dagegen (auctoritate publica) gestattet sei. Das ist jedoch vollständig verkehrt; die Thomistische Lehre auf diesem Gebiete ist deutlich und bestimmt, und darf nicht verdreht und missverstanden werden.[3])

Salzedo stellt zwei Kategorien von Tyrannen auf; er unterscheidet den wirklichen (proprie) Tyrannen, welcher „sine iusto titulo, neque electionis, neque haereditario . . . armis, vi, sive dolis" die Herrschaft an sich gebracht hat, vom Könige, welcher tyrannisirt. Im allgemeinen verneint er jeden Tyrannenmord und bringt die Autorität des Concils zu Kostnitz bei, (sess. XV.) welches jeden Privaten verdammt, der „licitum esse cuilibet vassallo *propria auctoritate* tyrannum occidere" behauptet, und die Entscheidung des Augustinus.[4]) Dennoch sagt Salzedo, ohne Grund: „. . . - tyrannum proprie et sine justo titulo regem a quolibet cive posse occidi,

---

[3]) Der Sicilianer Abate Spedalieri hat ausserdem in seinem Buche „Dei diritti dell' uomo. Assisi 1791" den Versuch gemacht, die Lehre des Socialcontraktes mit der Thomistischen Soziallehre zu verbinden und aus derselben abzuleiten. Diese Ansicht ist unter Anderen von Sanseverino," La dottrina di San Tommaso sull' origine del potere e sul preteso diritto di resistenza. Napoli 1858" bestritten worden. Vgl. auch darüber das hervorragende Werk von Dr. Karl Werner, „Der heilige Thomas von Aquino. Regensburg 1858 I. Bd. S 800."

[4]) „Non licet alicui privata potestate hominem occidere nocentem, cuius occidendi licentiam lex nulla concedit". De civit. Dei Lib. I; und: „Qui alium occidit sine publica potestate eiusve imperio iusto, homicida est." ebd. Kap. XXI—XXVI.

si aliter non potest respublica a tali tyrannide liberari, videtur docere D. Thomas in hoc cap. V."⁵)

Das meint er, ist recht, weil der wirkliche „proprie" Tyrann als ein Dieb des Königtums zu betrachten sei, und weil dasselbe von der Gesellschaft heimlich gestattet wird, zu der „pertinet de remedio providere, ut tyrannus ille a quocumque quomodocumque de medio tollatur etiam per modum vindictae et iustae punitionis."⁶) Ausserdem, wenn einer Privatperson nicht verboten ist, im Falle legitimer Verteidigung den Tyrannen umzubringen, wird es ihr desto mehr für die Befreiung des Vaterlands gestattet sein; dies alles aber nur in äussersten Fällen, nachdem man sich auf eine höhere Autorität berufen hat, welcher der Tyrann unterthan sei; wenn die Tyrannei offenbar und kein anderes Heilmittel vorhanden ist; wenn endlich aus dem Tyrannenmorde weniger Uebel entsteht als aus der Tyrannei selbst, und wenn die Meinung der Gesellschaft weder öffentlich noch heimlich dagegen ist. Es ist aber absolut verboten, den König, welcher tyrannisirt, umzubringen.⁷) Das habe in seinem Opusculum „De reg. princ." der heilige Thomas gelehrt.

Die Stelle in der „Summa theologica" (2 — dist. 44, — art. 2, ad 5 tum) ist auch missverstanden worden. Der heilige Thomas teilte darin nicht seine eigene Ansicht mit, sondern die Meinung Cicero's über Caesars Ermordung. Die andere Stelle in der Summa (2—2 quaest. 42, art. 2) steht mit der Frage des Tyrannenmordes in keinem Zusammenhang. Thomas von Aquino hat aber, wie deutlich ist, keinen Unterschied wie Suarez und andere Spitzfindige, zwischen dem wirklichen

---

⁵) ebd. S. 58. Dissertatio IX.
⁶) ebd. 7.
⁷) Dieselbe Lehre haben Bodinus „De republ. Lib. II Kap. V" Albericus Gentili „Disp. reg. 3," Arnisaeus „Tract. de auctoritate principis in populum," Janus Gruterus „Disc. fol. 19," Artusius „Politica cap. 38," Soto „De just. quaest. I art. 3, Lib. I," Bannez 22 quaest. 64. art. 3, dub. 2. „Molina „Tom. 4 de just. tract. 3, disp. 6," Azor „Lib. III, Kap. XII, quaest. 17, Tom. I; Kap. XXVI, quaest. 7; Tom. III, Lib. II, Kap. II. quaest. 1; Kap. VII, quaest. 30; Suarez „Defens. fidei contra reg. Angliae. Lib. VI, Kap. IV," u. a.

Tyrannen und dem tyrannisirenden König gemacht, und deshalb bleibt seine Lehre gegen den Tyrannenmord im allgemeinen zweifellos.⁸)
Er sagt ausdrücklich ohne Ausflucht und ohne spitzfindige Unterscheidung zwischen wirklichen Tyrannen und tyrannisierendem Könige, dass niemanden gestattet ist, aus eigenem Antrieb den Tyrannen umzubringen. Dies ist die Lehre des Doktors angelicus. Was ferner die Gerechtigkeit der Einschränkungen betrifft, von welchen Salzedo spricht, ziehe ich es vor, sie nicht weiter zu untersuchen. —

In den schlimmsten Fällen gibt Salzedo den Rat, dass es vorteilhaft sein wird, an den Papst sich zu wenden, welcher „auctoritate, et dominio temporali, quod (ad minus indirectum) in omnes reges et regna habet," den Tyrannen absetzen wird, und meint, dass, nachdem die Absetzung vollzogen ist, einer Privatperson gestattet werden müsse, durch die Autorität des Papstes oder des Volkes den Tyrann zu ermorden, da er kein König mehr, sondern nur noch eine Privatperson geworden sei:⁹) und ich wiederhole hier nochmals ausdrücklich, dass diese elastische Moral auch nicht den geringsten Zusammenhang mit der Lehre des Thomas von Aquino besitzt.¹⁰)

⁸) Salzedo ist erstaunt darüber, dass es Leute gäbe, welche die Meinung haben, dass die jesuitische Schule den Tyrannenmord lehre. (So meint z. B. Christoph Besoldus „De republ. curanda" Kap. VII.) Es ist nicht im allgemeinen zu sprechen; Salzedo aber sind die Werke der Jesuiten Mariana (Johannes, 1537 † 1624; dessen Buch „De rege et regis institutione" wurde zu Paris auf Befehl des Parlaments verbrannt), Tanner (Adam, 1572 † 1632), Sa (Emanuel † zu Arona 1596,) in dessen „Aphorismi confessariorum" der „Magister Palatii" bei der Ausgabe mehr als 80 Stellen censirt und umgeändert hat), Salmeron (Alfons † 1585, einer von den ersten zehn Socii des heiligen Ignatius von Loyola) vollständig unbekannt geblieben. Salzedo selbst giebt es zu, dass einige Schriftsteller des Jesuitenordens in gewissen Fällen „nisi quibusdam appositis justissimis limitationibus" bisweilen den Tyrannenmord gelehrt haben. (ebd. S. 60.)

⁹) ebd. S. 61.

¹⁰) So betitelt De Grossis in seinem Commentar des „De reg. princ." den V. Discurs des IV. Traktats im I. Buche: „Contra tyrannorum nequitiam procedendum est auctoritate publica, *usque etiam ad eorum interfectionem* . . ." S. 38.

Vom Fürstenregiment.
II. Buch.

Dieses Buch besteht aus 16 Kapiteln.

I. Kapitel. — Bei der ersten Gründung einer Stadt muss wenn möglich vor allem eine Gegend mit gemässigtem Klima ausgewählt werden [1]), weil, wie schon Aristoteles in der Politik beobachtet hat, die Einwohner einer gemässigten Gegend die tauglichsten sind zu einem staatlichen Leben.

II. Kap. — Die Stadt muss ausserdem auf einem hohen Orte gebaut werden, wo die Luft frisch und heilsam ist; so werden die Leute stark und alt werden.[2]) Es muss deshalb die Gegend weder in der Nähe von Sümpfen, noch nebelig, noch zu heiss oder zu kalt sein.

III. Kap. — Es muss auch die Gegend, in welcher die neue Stadt entstehen wird, fruchtbar sein. Wo Mangel der Lebensmittel vorhanden ist, kann sich auch nicht eine grosse Gesellschaft sammeln. Auf doppelte Weise kann sich ein Volk die Lebensmittel verschaffen: durch die Fruchtbarkeit des Bodens und durch den Handel. Der erste Weg ist zweckmässiger, als der zweite. Je mehr jemand unabhängig ist, desto mehr wird er in Ehren gehalten: so auch eine Stadt oder ein Reich.[3]) Die Stadt, welche zu viel Handel treibt, setzt sich auch schweren Gefahren aus; durch den übermässigen Verkehr von Fremden werden ihre Sitten, wie auch Aristoteles bemerkt hat, verdorben,[4]) und ihre Bürger

---

[1]) „Demum temperata regio ad politicam vitam valet." II. Buch, I Kap. S. 239.

[2]) „Conversationi enim civili praejacet naturalis vita, quae per salubritatem aeris servatur illaesa." II. II. S. 239

[3]) „Tanto enim aliquid dignius est, quanto per se sufficientius invenitur . . . Dignior enim est civitas, si abundantiam rerum habeat ex territorio proprio, quam si per mercatores abundet." II. III. S. 240.

[4]) „Extraneorum autem conversatio corrumpit plurium civium mores, secundum Aristotelis doctrinam in sua Politica." ebd. S. 240.

habsüchtig und zänkisch. Es ist daher nötig, dass eine vollkommene Stadt einen mässigen Handel treibe.⁵)

IV. Kap. — Die Gegend, welche zur Errichtung einer Stadt oder Burg auszuwählen ist, muss angenehm sein; die Menschen nämlich verlassen nicht so leicht einen angenehmen Ort. Die Bürger müssen aber die Annehmlichkeiten und Vergnügungen mässig geniessen, als Würze des Geistes bei den Arbeiten, sonst werden sie entkräftet.⁶) Aristoteles vergleicht in seiner Ethik den Genuss des Vergnügens mit dem Genuss der Speisen. Uebermass oder Mangel, beides genügt, um die Gesundheit zu beeinträchtigen.⁷)

V. Kap. — Es ist erforderlich, dass der König Besitztümer im Ueberfluss habe. Dieses beweist der heilige Doktor aus drei verschiedenen Gründen. — Erstens ist der Mensch mit seinem eigenen Besitztum glücklicher als mit dem anderer Leute, da ihm sein Eigentum näher steht. Zweitens würde die Beitreibung des Unterhaltes für den König von den Unterthanen leicht zu unwürdigen Bedrückungen derselben führen. Drittens ist der aus eigenem Vermögen gewonnene Unterhalt besser und sicherer. —

VI. Kap. — Der König muss auch mit anderen natürlichen Gütern, wie z. B. Herden, reichlich versehen sein. Alle Güter der Erde sind von Gott den ersten Menschen zur Verfügung gestellt; so muss auch der König, welcher die oberste Herrschaft über Alle inne hat, Reichtum vollauf haben, und je mehr Güter er besitzt, desto mehr wird er dem ersten Herrscher nachahmen. Ausserdem wird ihm so

---

⁵) „Unde oportet quod perfecta civitas moderate mercatoribus utatur." ebd.

⁶) „. . . homines vacantes deliciis, sensu hebetantur . . . Opportunum est igitur in conversatione humana modicum delectationis quasi pro condimento habere, ut animus hominum recreetur . . ." II. III. S. 240. Dies sind die Worte, mit welchen man, allerdings ohne Recht, wie ich schon zu beweisen versucht habe, das sogenannte echte Fragment zu schliessen pflegt.

⁷) „Hinc est quod Aristoteles in Ethicis usum delectabilium corporis, usui ciborum assimilat: qui amplius minusve sumpti sanitatem corrumpunt." II. IV. S. 241.

leicht Gelegenheit gegeben, den Unterthanen seine Freigebigkeit zu zeigen.*)

VII. Kap. — Was die künstlichen Reichtümer angeht, so bedarf der König des Goldes und Silbers und des daraus geprägten Geldes zur Stütze der Herrschaft. Das Geld ist ein notwendiges Mittel um Handelsbeziehungen zu pflegen. Aristoteles erklärt im V. Buche der Ethik das Geld als eine Versicherung des künftigen Bedarfes. Wenn darum jedermann Geld zum Leben haben muss, desto mehr der König; weil das Einfache zum Einfachen wie das Mannigfaltige zum Mannigfaltigen sich verhält.⁹)

Natur, Befähigung und Thun stehen miteinander in Uebereinstimmung. Die Stellung des Königs (das ist die Natur desselben) hat den Character eines Universellen im Verhältniss zu seinen Unterthanen; denselben Character muss also auch seine Befähigung und sein Thun haben. Diesen Character des Universellen würde aber seine Befähigung und sein Thun nicht ohne Geld haben hönnen, wie der Schmied nicht arbeiten kann ohne seine Werkzeuge. Ohne Geld würde überdies die Freigebigkeit des Königs sehr beschränkt sein. Wenn der König viel Geld zur Verfügung hat, kann er auch den Bedürftigen zur Hilfe kommen. Mit Recht vergleicht Aristoteles den Magen mit dem königlichen Schatze. Wie der Magen die Speisen erhält, aus denen er die Kräfte nimmt, welche er dem ganzen Körper mitteilt, so füllt sich der königliche Schatz mit Reichtümern, welche der ganzen Gesellschaft zugute kommen.¹⁰) Wenn ferner der königliche Schatz gut versehen ist, wird der König nicht nur für sich und sein Haus, sondern auch für den Schutz seines Königtums gegen Feinde sorgen können.

---
*) „Rursus hoc exigit munificentia regis ut transeuntibus in cibis et potibus uberius administretur et largius." II. VI. S. 242.

⁹) „Si ergo quilibet indiget, multo magis rex: quia si simpliciter ad simpliciter, et magis ad magis." II. VII. S. 242.

¹⁰) „.... sic se rex habere debet ad populum, sicut pastor ad oves et sicut pater ad filios . . ut sicut stomacho recipiuntur cibi et diffunduntur ad membra; ita et aerarium regis repletur thesauro pecuniarum et communicatur atque diffunditur, pro necessitatibus subditorum et regni." II. VII. S. 242. S. 243.

VIII. Kap. — Der König bedarf zur Ausübung der Regierung Gehülfen, die aber je nach der Verschiedenheit der Regierungsform verschieden sind. Bei dieser Veranlassung handelt das vorliegende Kapitel und ebenso das folgende noch einmal über die verschiedenen Regierungsformen. Es wird bewiesen, dass dem königlichen Regiment der Vorzug gebührt. —

IX. Kap. — Das despotische Regiment kann bezw. mit dem königlichen verglichen werden: dies kann durch die Autorität der heiligen Schrift bewiesen werden.[11] Das politische Regiment ist an und für sich dem königlichen vorzuziehen; erstens, weil das erste der menschlichen Natur am angemessensten ist, zweitens, weil nicht alle Völker zur königlichen Regierung bestimmt sind. Da aber die menschliche Natur verdorben ist, so muss die Gesellschaft von strengerer Gewalt geleitet werden; deshalb ist in diesem Falle das königliche Regiment zweckmässiger als das politische.[12]

X. Kap. — Es ist notwendig, für jedes Regiment Minister zu haben, welche bei jedem, wie schon oben gesagt, verschieden sind. Es unterscheidet der heilige Doktor, wie Aristoteles im I. Buche seiner Politik, vier Arten von Dienern. Erstens diejenigen, welche von Natur aus, da sie mangelhaften Verstand besitzen, zum Dienen bestimmt sind; es ist gerechtfertigt, dass diese, weil sie keinen Verstand haben, von Anderen geleitet werden und deshalb den Andern unterworfen sind. Die zweite Kategorie ist aus Kriegsgefangenen gebildet; die häuslichen Diener, (famuli) welche entweder des Lohnes oder der Ehre und der Tugend wegen Dienste thun, gehören der dritten und vierten Kategorie an.[13]

---

[11] „Traduntur enim leges regales per Samuelem Prophetam Israelitico populo, quae servitutem important." II. IX. S. 244.

[12] „Sed quia „perversi difficile corriguntur et stultorum infinitus est numerus," ut dicitur in Eccle. I. 15; in natura corrupta regimen regale est fructuosius . . ." II. 9. S. 244.

[13] Der heilige Doktor aber ermahnt, dass der Herr sich an die Worte der heiligen Schrift erinnern und die Dienerschaft väterlich behandeln muss. „. . . et Ecclesiastico (33, 31): Si est tibi servus fidelis, sit tibi sicut anima tua." II. X. S. 246.

XI. Kap. — Jeder König oder jeder andere Herrscher muss befestigte Schlösser errichten lassen, um für sich und für seine Familie einen sicheren Aufenthaltsort zu haben und nicht immer in unaufhörlicher Gemeinschaft mit dem Volke zu leben, weil auf diese Weise die königliche Majestät vermindert und geschädigt würde. Ausserdem wird so dem Könige die Gelegenheit genommen, vor den Augen des Volkes unwürdige Thaten zu vollbringen.[14])

XII. Kap. — In einem wohlgeordneten Staatswesen müssen die Wege in jeder Weise sicher und frei sein: das wird den Handel im Königreich und den Gottescultus erleichtern und beiden Vorteil bringen.[15])

XIII. Kap.[16]) — Jeder Staat muss eigene Münze besitzen. Der Doktor angelicus sagt, dass durch das Geld das ganze menschliche Leben regiert wird. Das Geld, wie Aristoteles im V. Buche der Ethik schreibt, ist als ein Mittel zu betrachten, durch welches der Ueberfluss und der Mangel ausgeglichen werden; das Geld ist zu dem Zweck erfunden worden, Streitigkeiten im Handel zu verhindern und als Mass für den Waarentausch zu dienen. Die eigene Münze ist in jedem Staatswesen, also auch im königlichen nothwendig; sie ist die Zierde des Königs und Königtums; das Bild des Königs, welches auf die Münze geprägt ist, wird zunächst ein Mittel sein, das Andenken des Königs zu verewigen; sie gilt ausserdem als eine Bürgschaft im Handel.[17])

---

[14]) „Amplius autem et regis suaeque familiae maior honestas hoc exigit, ne vel eorum commercio cum subditis vilificetur in conspectu populi ipsorum majestas . . . vel ipse et sui se dehonestandi in subditis occasionem assumant." II. XI. S. 226.

[15]) „Amplius et viarum securitas in regimine regni principibus est fructuosa, quia illuc magis confluunt mercatores cum mercibus, unde et regnum in divitiis crescit: . . et divinus cultus in hoc augetur, propterea quod promptiores sunt homines ad reverentiam divinam, cum liber est aditus viarum ad indulgentiam sive ad aditum sancti." II. XII. S. 247.

[16]) Wohl zu beachten ist, dass wir hier eine teilweise Wiederholung aus Kapitel VII haben.

[17]) „.. . . unde in nulla re tanta potest esse claritas memoriae eius . . . Unde moneta dicitur quia monet mentem, ne fraus inter

Der König oder irgend eine andere Regierung muss überdies das Geld im Staate mit Mässigung abgeben, verändern und vermindern; sonst würden den Völkern Nachteile daraus erwachsen.[18]) Thomas von Aquino stützt diese Behauptung auf die Autorität der heiligen Schrift (Prov. 20, 10). Ferner ist die eigene Münze das sicherste und einträglichste Mittel im Handel, sonst würde man das Wechseln des Geldes nur mit Verlust bewerkstelligen können.[19])

XIV. Kap. — Eine wohlgeführte Regierung muss eigene Masse und Gewichte haben. Mass und Gewicht haben wie das Geld den Zweck, den Handel zu vereinfachen und zu sichern und überdies Streitigkeiten zu verhindern: sie sind auch natürlicher als das Geld, da alle erschaffenen Wesen nach Zahl, Gewicht und Mass geschaffen worden sind. Sie sind aber an und für sich nichts und gelten nur inbezug auf die gemessenen und gewogenen Gegenstände; das Geld besitzt dagegen auch für sich einen Wert, denn es kann wenigstens wieder in Gold oder in Silber, aus welchem es besteht, verwandelt werden.[20]) Thomas beruft sich hierbei auf die Autorität der heiligen Schrift.[21])

XV. Kap. — Ein gerechter König oder jeder andere Regierende ist verpflichtet, den Armen mit dem Staatsschatze

---

homines, cum sit mensura debita, committatur; ut imago Caesaris sit in homine quasi imago divina . . ." II. XIII. S. 247.

[18]) „. . . moderatus tamen debet esse princeps quicumque vel rex sive in mutando sive in diminuendo pondus vel metallum: quia hoc cedit in detrimentum populi . . ." II. XIII. S. 247.

[19]) „Rursus proprium numisma fructuosius est. Cum enim extraneae monetae communicantur in permutationibus, oportet recurrere ad artem campsoriam . . . et hoc sine damno esse non potest." II. XIII. S. 248.

[20]) „Amplius autem pondus et mensura, in quantum talia, semper ordinantur ad mensurata et ponderata; aliter per se nihil sunt. Sed numisma, quamvis sit mensura et instrumentum in permutationibus, tamen per se aliquid esse potest; puta, si confletur, erit aliquid, videlicet aurum vel argentum." II. XIV. S. 248.

[21]) „Non facietis, inquit (Moyses in Levitico), iniquum aliquid in pondere et mensura. Statera justa, et aequa sint pondera, justus modius, aequusque sextarius." ebd.

zu Hülfe zu kommen; dadurch wird er auch sein Regiment befestigen. Denn wie in der Natur nichts Notwendiges fehlt, so darf noch viel weniger in der Kunst, welche die Natur nachahmt, etwas Notwendiges fehlen; am allerwenigsten aber in derjenigen, welche unter allen Künsten die erste ist, der Kunst des geselligen Lebens und des Regierens. Gott trägt insbesondere Sorge für die Armen, und ihm müssen die Fürsten nachahmen, welche Gottes Diener und Vertreter sind.[22]) Auf diese Weise werden auch die Fürsten, die eine universale Wirksamkeit ausüben müssen, dasjenige, was ihnen in ihrem Regiment zu vollbringen unmöglich war, durch Barmherzigkeit ersetzen, und es wird vor Gott ihr Almosen eine gewisse Bürgschaft für ihre Sünden übernehmen können.[23])

XVI. Kap. — Ein König ist ausserdem verpflichtet, ein eifriger Pfleger des Gottescultus zu sein. Dies ist der Zweck jeder Thätigkeit. Der König muss nicht nur als Mensch mit allen anderen Menschen die Gottesverehrung fördern, da Gott ihn nach seinem Ebenbilde erschaffen hat, sondern auch weil er mehr als die anderen an dem Adelstande der menschlichen Natur von Gottes Gnaden teilgenommen hat. Er darf nicht vergessen, dass ihm die Herrschaft von Gott übertragen, und er, durch die heilige Salbung geweiht, wirklicher Priester und König geworden ist.[24]) So wird auch sein Regiment von Gott gesegnet und gedeihlich werden. Ferner be-

---

[22]) Sed Deo specialiter est cura pauperum, ad naturae ipsorum defectum supplendum ... Ergo ad istum defectum pauperum supplendum, sicut vices Dei gerentes in terris, principes et praelati sunt debitiores, et sicut patres, quos cogit officium esse auxiliatores subditorum ..." II. XV. S. 249.

[23]) „Sunt ergo ipsae eleemosynae, quas faciunt principes indigentibus, quasi quidam fidejussor coram Deo pro ipsis ad solvendum debita peccatorum, ut Philosophus dicit de numismate respectu rerum venalium." II. XV. S. 249.

[24]) „Sed quamvis quilibet ad hoc sit obligatus, plus tamen princeps, etiam sicut privata persona, in quantum plus participat de nobilitate humanae naturae ... Amplius autem in quantum dominus, quia non est potestas nisi a Deo, ut Apostolus dicit ad Romanos 13. cap. ... sed etiam sicut et rex, quia inunguntur (reges) oleo consecrato." II. XVI. S. 250.

weist die Geschichte, dass in jeder Monarchie Gottescultus, Weisheit und Kraft sich miteinander verbündet haben.[25])

III. Buch.

Das III. Buch ist eingeteilt in 22 Kapitel. In diesem und im letzten Buche werden Fragen und Erörterungen wiederholt, welche in den vorigen Büchern schon betrachtet worden sind. Wie ich überzeugt bin und zu beweisen versucht habe, muss man das Material dieser zwei Bücher als vom heiligen Doktor herrührend annehmen, welches von ihm für seinen Traktat benutzt worden wäre, wenn ihn der Tod nicht überrascht hätte. Der unbekannte Fortsetzer hat die hinterlassenen Manuscripte benutzt, die Vorbereitungen Thomas' nach seinem eigenen Belieben geordnet und ausserdem manches eingeschoben, welches, wie die erwähnten Ereignisse des XX. Kapitels dieses Buches und andere chronologische Fehler, ferner die übertriebene Aufführung sonderbarer Etymologien[1]), eine Ungeschicklichkeit verrät, die dem umsichtigen und nachdenkenden Doktor angelicus durchaus nicht geziemt hätte.

„Patet igitur quam necessarium sit cuilibet domino ut sit Deo devotus et reverens, sed praecipue regi ad conservationem sui regiminis . . ." ebd.

[25]) „Tradunt enim historiae quod in qualibet Monarchia ab initio saeculi tria se invicem per ordinem comitata sunt: divinus cultus, sapientia scholastica et saecularis potentia." ebd.

[1]) Folgendes ist z. B. die Etymologie von Marschal und Seneschal nach dem Schriftsteller, welcher das Werk von Thomas fortgesetzt hat: „. . . mariscallus et senescallus, qui proprie rectores expositi sunt ad universalia negotia regionis, quod utrumque nomen importat, ut mariscallus, idest „*dominus laborum*" (Maris enim syriace, *domina* vel *dominus* latine, callus autem laborem importat); senescallus autem a „senes," propter maturatitatem regiminis, et „callus calli;" . . . in tali enim officio non debent exponi nisi homines magnae experientiae et laboris assidui." III. XXII. S. 269.

Von Isidorus von Sevilla angeregt, dessen Etymologie von „castra" er beibringt („. . . vocatur et castra a castitate dicta, ut tradit Isidorus, eo quod ibi debet castrari libido") wagt er selbst die Etymologie von Connetable auf folgende Weise: „aliud etiam nomen est quod cuneus appellatur, quasi coitus, quod est in

I. u. II. Kap. — Jede Herrschaft rührt von Gott her. Dieses kann man beweisen aus dem Seienden des Bewegers und Zweckes. Jedes Seiende muss auf das erste Seiende als den Ursprung aller Dinge zurückgeführt werden, wie Aristoteles im II. Buche der Metaphysik schon gesagt hat. Wie jedes Seiende vom ersten abhängig ist, so muss jede Herrschaft von der ersten abhängig sein.²) Es lässt sich auch beweisen aus der Bewegung der Dinge. — Nach Aristoteles (VIII. Physik) wird jedes Bewegte von einem anderen in Bewegung gesetzt: so muss man zurückgehen bis zum unbewegten Beweger, zur ersten Ursache, d. h. bis zu Gott. Unter den Menschen sind es aber die Könige, denen als Regenten, als Verteidigern gegen Feinde u. s. w. der Begriff der Bewegung in der hervorragendsten Weise zukommt: diese Bewegung können sie aber nur ausüben unter dem Einfluss des ersten Bewegers, d. h. Gottes selbst.³)

III. Kap. — Es lässt sich endlich beweisen aus dem Zwecke des Menschen, und zwar um so mehr, je vernünftiger er ist.

Da Gott die höchste Vernunft und der reine Ausdruck der Vernunft ist, enthält sein Werk am besten das Ziel. Man muss also folgern, dass die Wirkung der göttlichen Vernunft das Ziel jedes erschaffenen Wesens beinflusst. Je erhabener das Ziel eines Wesens ist, desto mehr nimmt dieses Ziel an der göttlichen Wirkung teil. Das Ziel des Regierens aber ist am erhabensten; also muss jedes Regieren bei Gott anfangen.⁴)

---

unum collecta multitudo ad pugnandum, et maxime necessarius in bellando ... a quo forte conostabulus vocabulum trahit apud modernos usitatum, quasi caput cunei stabilis, hoc est constantis et fortis." IV. XXVIII. S. 291.

²) „Sicut ergo omne ens ab ente primo dependet, quod est prima causa; ita et omne dominium creaturae a Deo sicut a primo dominante et primo ente." III. I. S. 251.

³) „Si ergo reges et alii domini tantum habent de ratione motus, ipsum non possunt perficere nisi per influentiam et virtutem moventis primi, quod est Deus ..." III. II. S. 251.

⁴) „Concluditur ergo ex hoc quod quaelibet res quanto ordinatur ad excellentiorem finem, tanto plus participat de actione di-

IV. V. VI. Kap. — Auf die Autorität des Augustinus (De civitat. Dei V.) wird in diesen drei Kapiteln der Beweis gegründet, dass Gott die Herrschaft der Römer wegen ihrer Liebe zum Vaterlande und zur Gerechtigkeit und wegen ihrer staatsmännischen Milde begünstigt hat. Die Liebe zum Vaterlande trachtet nach dem allgemeinen Wohl der Gesellschaft, und ruht auf der christlichen Liebe, welche das allgemeine Wohl dem besonderen vorzieht und die höchste unter den Tugenden ist; ausserdem wird in der Liebe zum Vaterlande das erste und höchste Gebot zusammengefasst,[5] da derjenige, welcher nach dem allgemeinen Wohle mit Eifer strebt, der göttlichen Natur sich gleichstellt, die das Wohl allen Menschen verschafft. Vom ersten Gebote aber wird niemand entbunden; deshalb auch nicht von der Liebe zum Vaterlande.[6] Wegen der göttlichen Gerechtigkeit mussten also die Römer belohnt werden. Die Römer haben überdies sehr gerechte Gesetze gemacht, daher erlangten sie nach dem natürlichen Rechte, womit jedes gerechte Regiment anfängt, die Oberhand über alle Völker.[7] Ferner haben sie durch ihr Erbarmen und ihre politische Milde die Welt unterjocht.[8] Das beweist (wie Aristoteles im V. Buche der Ethik rät),

vina. Huiusmodi autem est regnum cuiuscumque communitatis:.. quia cum intendat nobilissimum finem, ... in ipso divina praeintelligitur actio, et suae virtuti dominorum subjicitur regimen." III. III. S. 252.

[5] „Rursus amor patriae primum et maximum mandatum continere videtur, de quo Evangelium Lucae mentionem facit, quia in zelando rem communem assimilat sibi naturam divinam, inquantum vice Dei diligentem circa multitudinem adhibet curam." III. IV. S. 253.

[6] „Et quia in isto praecepto divino non cadit dispensatio, inde est quod Tullius dicit de republica, quod nulla causa intervenire debet unde propria patria denegetur." III. IV. S. 253.

[7] „Quo quidem modo acquisierunt principatum quodam jure naturae, a quo habet exordium omne justum dominium." III. V. S. 254.

[8] „Tertia vero virtus, per quam subjugaverunt Romani mundum, et meruerunt dominium, fuit singularis pietas, ac civilis benevolentia . . ." III. VI. S. 254.

dass nur demjenigen die Herrschaft ziemt, welcher nicht nur der Natur nach Mensch, sondern auch der Vernunft nach vollkommener ist.

VII. u. VIII. Kap. — Es wird hier wiederholt, was schon im VI. und X. Kapitel des I. Buches gesagt ist, dass nämlich Gott gestattet, dass die Völker wegen ihrer Sünden von Tyrannen regiert werden, und dass die Tyrannei oftmals unglücklich endet. Kein König oder irgend ein anderes Regiment darf wegen seiner Herrschaft stolz werden und vergessen, dass ihm dieselbe von Gott übertragen worden ist; sonst würde er (wie Isaias 10, sagt), wie ein Stock werden, welcher, da er schlägt, aber nichts kann ohne die Hand, welche ihn bewegt, etwas Besonderes von sich glaubt.[9]

IX. Kap. — Der Mensch beherrscht durch Gottes Gnade die ganze Natur: deswegen ist, wie Augustinus in XVIII. Buche „De civitat. dei" und Aristoteles im 1. Buche der Politik auch bewiesen haben, die Herrschaft des Menschen über die Menschen natürlich. Dass der Mensch zur Herrschaft über die Natur berechtigt ist, kann man durch drei Gründe beweisen. Erstens ist, nach dem natürlichen Process, das Unvollkommene dem Vollkommeneren unterworfen; zweitens wird nach der Bestimmung der göttlichen Vorsehung das Niedere vom Höheren regiert. — Der dritte Grund beruht auf der Natur des Menschen und der anderen lebenden Wesen. Da der Mensch in vollstem Masse die Vernunft besitzt, die anderen Wesen aber gewissermassen nur daran participiren, und da das, was in essentia ist, über dem steht, was nur in participatione ist, so muss der Mensch über die ganze Natur herrschen. — Gerade so muss es sich auch in der menschlichen Gesellschaft verhalten. —

Diese ist Ordnung, und Ordnung setzt nach Augustinus die Anordnung der Teile voraus; unter den geordneten Wesen aber ist, wie Aristoteles im I. Buche der Politik bemerkt, Eines immer das Hauptsächliche; darum muss in der menschlichen Gesellschaft Einer, der herrscht, und Einer, der unterworfen ist, vorhanden sein.[10]

---

[9] „.... Quomodo si elevetur virga contra elevantem eam, et exaltetur baculus, qui utique lignum est." III. VIII. S. 257.

[10] „Talem autem societatem oportet ad invicem ordinari. In his autem quae sunt ad invicem ordinata, oportet semper aliquid

X. Kap. — Es gibt vier Arten von Herrschaft nach ihrem Grade und ihrer Würde. — Diese sind: die priesterliche, die königliche und kaiserliche, die politische und endlich die oekonomische. — Dass die erste, d. h. die priesterliche, den anderen vorzuziehen sei, leitet man von der göttlichen Einsetzung ab, da Christus sie selbst gegründet hat. Christus hat nämlich durch die Worte: „Und ich sage dir auch: Du bist Petrus, und auf diesen Felsen will ich bauen meine Gemeine, und die Pforten der Hölle sollen sie nicht überwältigen: und ich will dir des Himmelreichs Schlüssel geben: alles, was du auf Erden binden wirst, soll auch im Himmel gebunden sein, und alles, was du auf Erden lösen wirst, soll auch im Himmel los sein" (Matth. 16 Kapitel, 19), Petrus jede Herrschaft übertragen, welche ihm selbst als Mensch erteilt war.[11]) Eine vierfache Bedeutung besitzt diese Anrede. Mit den Worten: „und auf diesen Felsen will ich bauen meine Gemeine" wird es angedeutet, dass die vollständige Herrschaft über die Gläubigen Petrus und seinen Nachfolgern gehört; durch die Worte „und die Pforten der Hölle" u. s. w. wird die Stärke, und durch „und ich will dir des Himmelreiches Schlüssel" u. s. w. der Umfang, und durch „alles, was du auf Erden binden wirst" u. s. w. die Fülle der übertragenen Herrschaft bezeichnet. Der Papst ist darum in dem mystischen Leibe der Kirche dasselbe, was der Kopf im wirklichen ist, von welchem jede Bewegung und Empfindung ausgeht. Dies bedeutet seine vollständige Macht. Im Papste liegt die Fülle aller Gnade, da er allein Ablass von allen Sünden

---

esse principale et dirigens primum . . . Unde manifestum est quod nomen ordinis inaequalitatem importat, et hoc est de ratione dominii." III. IX. S. 258.

[11]) „Primam igitur partem praefatam accipimus, cum Dominus dicit: „Ego dico tibi, quia tu es Petrus, et super hanc petram aedificabo Ecclesiam meam" . . . quasi totum dominium inter fideles ex Petro dependat in ejus successores . . . . Secunda vero clausula, dominii importat fortitudinem: quod significat verbum quod sequitur: „Et portae inferi non praevalebunt adversus eam" . . . Sed dominii vero amplitudo ostenditur cum ultimo dicitur: „Et quodcumque ligaveris super terram" etc. III. X. S. 258—59.

gewähren kann. Es wäre aber ein schwerer Fehler zu behaupten, dass dem Papste nur die geistliche, aber nicht die weltliche Herrschaft gebühre; denn das Leibliche und Zeitliche ist dem Geistlichen und Ewigen unterworfen. Wie der Leib durch die Seele das Sein, die Wirksamkeit und Wirkung annimmt (wie Aristoteles und Augustinus „De immortalitate animae" beweisen), so stammt die weltliche Macht der Fürsten von der geistlichen Herrschaft des Papstes ab.[12]

XI. Kap. — Die königliche Herrschaft ist verschieden nach ihrem Ursprung und nach den Ländern. Auf zweierlei verschiedene Weise erteilt Gott die Gesetze der königlichen Macht im alten Testament; einst durch Moses in „Deuteronomium" (17, 16.) und wieder durch Samuel im ersten Buche der Könige. Diese Gesetzesverkündigung aber spricht mehr zu Gunsten der Könige, als des Volkes: wenn sie auch despotische sind, nennt sie dennoch Samuel königliche Gesetze.[13] Die Gesetzgebung durch Moses stimmt mit der Aristotelischen Lehre (VIII. Ethik) überein. Aristoteles lehrt nämlich, dass ein rechtlicher König derjenige sei, welcher dem Wohle der Völker zuförderst obliegt; dass derjenige, welcher selbständig ist, auch zum Regieren tauglich sei; dass er Güter in Ueberfluss besitzen müsse: dann würde er auch sein Volk nicht unterdrücken. Aristoteles schliesst damit, dass nicht das Königtum für die Könige sei, sondern die Könige für das Königtum.[14] Es ist aber gerechtfertigt, dass der König seinen Unterthanen Zölle und Steuern auferlegt, da, wie der Apostel (I. Cor.) sagt, „nemo militat stipendiis suis unquam." Dies aber muss nur ohne Ueber-

---

[12] „Quod si dicatur ad solam referri spiritualem potestatem, hoc esse non potest; quia corporale et temporale ex spirituali et perpetuo dependet, sicut corporis operatio ex virtute animae. Sicut ergo corpus per animam habet esse, virtutem et operationem . . . ita et temporalis jurisdictio principum per spiritualem Petri, et successorum eius." III. X. S. 259.

[13] „Sed in I. Regum traduntur leges regni, magis ad utilitatem regis, . . . et tamen Samuel leges quas tradit, cum sint penitus despoticae, dicit esse regales." III. XI. S. 260.

[14] „Item quod regnum non est propter regem, sed rex propter regnum." III. XI. S. 260.

treibung, mit Mass geschehen.¹⁵) In besonderen Fällen, wie auch Aristoteles im dritten Buche der Politik bemerkt, muss die königliche Herrschaft in eine despotische sich verwandeln. So ist es z. B. bei den Juden durch Samuel geschehen; so muss es auch bei denjenigen Völkern geschehen, welche die Wohlthaten einer milden Regierung verachten, da auch die Tyrannei ein Werkzeug der göttlichen Gerechtigkeit ist.¹⁶)

XII. Kap. — Das kaiserliche Regiment liegt in der Mitte zwischen dem königlichen und politischen; da aber seine Macht weitgehender ist, muss es dem königlichen vorgezogen werden. Fünf Monarchien sind zu unterscheiden: die Assyrische Monarchie, deren König Ninus zur Zeit Abrahams lebte; die Medische und Persische; die Griechische, oder Alexanders Monarchie; die Römische, und endlich zur Zeit des Augustus, nachdem die siebzigste „Hebdomade," wie Daniel geweissagt hatte, vollendet war, die Monarchie Christi, eines wirklichen Priesters und Königs, dessen Königtum bis in Ewigkeit fortdauern wird.¹⁷)

XIII. Kap. — Die Monarchie Christi ist die vorzüglichste, nicht nur ihrer Beständigkeit und Allgemeinheit nach, sondern auch, weil Christus Gott und Mensch zu gleicher Zeit ist. Ueberall auf der Erde herrscht Christus und wird angebetet.¹⁸) Christus ist während der Regierung von Augustus geboren; dieser aber befiehlt eben zur Zeit der Geburt Christi durch unbewusste Inspiration, dass keiner seiner Unterthanen ihn von nun an Herr nennen dürfe. Tiberius wollte sogar Christus unter die Zahl der Götter aufnehmen, wurde aber

---

¹⁵) „Et ideo concludendum est, quod isto casu possunt legitimae exactiones, et talliae, ac census sive tributa imponi, dummodo non transcendant necessitatis metas." III. XI. S. 261.

¹⁶) „Interdum enim dum populus non cognoscit beneficium boni regiminis, expedit exercere tyrannides, quia etiam hae sunt instrumentum divinae justitiae . . ." III. XI. S. 261.

¹⁷) „. . . completa septuagesima hebdomade secundum Danieli... cessante regno et sacerdotio in Judaea, nascitur Christus, qui fuit verus Rex et Sacerdos, et verus Monarcha . . ." III. XII. S. 262.

¹⁸) „Nullus enim angulus mundi est, nulla plaga, in qua nomen Christi non adoretur." III. XIII. S. 262.

vom Senate daran gehindert.¹⁹) In der Oberherrschaft Christi endigt nach den bewegten Schicksalen der menschlichen Geschichte jede Herrschaft, wie in etwas Unbewegtem, über welchem keine Bewegung mehr möglich ist.²⁰)

XIV. Kap. — Die Monarchie Christi hat mit dem Geburtstage des Erlösers angefangen, und ist von den Engeln verkündigt und durch die Anbetung der Könige anerkannt worden. Christus, der König aller Könige, hat von Geburt an ein ärmliches und demütiges Leben führen wollen, um die weltlichen Fürsten Demut zu lehren, durch welche jede Herrschaft angenehm und beliebt wird; und überdies, um den Unterschied zwischen seiner geistlich-ewigen und der weltlich-zeitlichen Herrschaft auffällig zu machen. Durch die Demut haben alle grossen Herrscher die Welt überwunden, durch den Uebermuth aber die Herrschaft und sich selbst verloren.²¹) In Isaias Weissagung ²²) muss man mit Hieronymus die Kennzeichen der Monarchie Christi erkennen: Sicherheit und Gründlichkeit in den Worten „cuius principatus super humerum eius", Eigentümlichkeit in „et vocabitur nomen eius

---

¹⁹) „Unde hoc instinctu dictus Caesar mandavit tunc temporis, ut narrant historiae, ne quis de Romano populo dominum ipsum vocaret ... Tiberus etiam ... Christum tamquam verum dominum inter deos transferri voluit, licet impeditus fuerit a superbo et fastuoso senatu impatiente alicuius dominii." III. XIII. S. 262.

²⁰) „In isto vero principatu percursis hominum motibus, terminatur principatus sicut in re immobili, ultra quam non est motus." III. XIII. S. 262.

²¹) „Omnes magni principes et monarchae cum humilitate subjugaverunt mundum; sed cum fastu elationis perdiderunt dominium." III. XIV. S. 263.

²²) „Parvulus natus est nobis, et filius datus est nobis. Et factus est principatus super humerum eius. Et vocabitur nomen eius Admirabilis, Consiliarius, Deus fortis, Pater futuri saeculi, Princeps pacis. Multiplicabitur eius imperium et pacis non erit finis; super solium David et super regnum eius sedebit: ut confirmet illud et corroboret in judicio et justitia, amodo et usque in sempiternum; zelus Domini exercituum faciet hoc." Isaias. cap. IX., 6, 7.

Admirabilis,"[23] Weisheit in „Consiliarius,"[24] Würde in „Deus,"
Stärke in „fortis," Gütigkeit in „Pater futuri saeculi," und
Ruhe in „Princeps pacis".[25]

XVI. XVII. XVIII. Kap. — Mit der Verlegung des
Sitzes des römischen Kaisertums durch Constantin nach Byzanz
ist zu der geistlichen Monarchie Christi auch die weltliche
Herrschaft hinzugekommen. Es bleibt aber die Kraft der
geistlichen Herrschaft, weil die weltliche nur, um der geistlichen zu helfen und dieselbe zu verwalten, verlangt werden
muss.[26] Constantins Nachfolger bis zu Karl dem Grossen,
abgesehen von Constantius (350) und Julian dem Abtrünnigen
(361), haben mit Gehorsam und Ehrerbietung die geistliche
und weltliche Macht der Kirche anerkannt. Dies beweisen
die ersten Concilien. Papst Gelasius (492) schreibt dem Kaiser
Anastasius (dem ersten 491), dass die kaiserliche Macht
von der päpstlichen abhängig ist.[27] Die Uebermacht der
päpstlichen Autorität über die kaiserliche wird auch durch
die Uebertragung des Kaisertums auf Karl den Grossen
(800) durch Leo III. (795) bewiesen.[28]

XIX. Kap. — Einen anderen Beweis finden wir in der
Ernennung Otto's I. (961) zum römischen Kaiser durch
Johannes XII. (955). Es ist gerechtfertigt, dass die Päpste

---

[23] „... admiratione enim dignum est quia humilis et pauper et tamen Dominus mundi." III. XV. S. 264.

[24] „... sapientiae claritatem, quod est praecipue principibus necessarium, quia „vae terrae cuius rex puer est," ut dicitur in Eccl. (10, 16)." III. XV. S. 264.

[25] „Et hanc quidem suis fidelibus Christus rex noster et princeps, et vivendo offert, et moriendo reliquit." III. XV. S. 264.

[26] „... in qua quidem cessione spirituali Christi regno adjunctum est temporale, spirituali manente in suo vigore: quia illud qer se quaeri debet a Christi fidelibus, istud vero secundario tamquam administrans primo: aliter autem contra intentionem fit Christi." III. XVI. S. 264.

[27] „Unde Gelasius Papa Anastasio imperatori scripsit, imperatorem ex judicio Papae dependere ... et non e contrario." III. XVIII. S. 265.

[28] „... in quo facto satis ostenditur qualiter potestas imperii ex judicio Papae dependet." III. XVIII. S. 266.

über die Kaiser ihre Autorität ausüben, und dass die kaiserliche Würde vom Wohlgefallen der Päpste abhängig sei. Solche Uebermacht gehört dem Papste, erstens nach göttlichem Rechte, da Christus selbst Petrus als seinen Stellvertreter eingesetzt hat; zweitens nach natürlichem Rechte, weil, da der Papst die Oberhand in der Welt besitzt, er als das Haupt, von dem jede Bewegung und Empfindung im mystischen Körper der Kirche ausgeht, zu betrachten ist; drittens weil der Papst Gottes Stellvertreter auf der Erde ist.[29])

XX. XXI. XXII. Kap. — Das Buch schliesst mit einer Vergleichung der kaiserlichen, staatlichen und königlichen Herrschaft und mit der weitschweifigen Betrachtung über Aemter und Würden, welche den erwähnten Regierungen unterstellt und in den verschiedenen Ländern gebräuchlich sind. Die letzten Kapitel dieses Buches sind, wie ich schon in der Einleitung bemerkt habe, zu den schwächsten Stellen des ganzen Aufsatzes zu zählen, und es wird hieraus leicht bemerkbar, wie ungeschickt diese eingeschoben sind.

IV. Buch.

Das vierte und letzte Buch besteht aus 28 Kapiteln.

I. II. III. Kap. — Die drei ersten Kapitel sind teils eine Wiederholung und teils Ergänzung von schon im II. und III. Buche erörterten Fragen. Die königliche und politische Macht sind zu unterscheiden. Manches Regiment ist nur dem Scheine nach königlich, in Wirklichkeit aber als politisch zu betrachten.[1]) Das ist im Mittelalter bei mehreren italienischen

---

[29]) „..... videtur vicarius Christi habere plenitudinem potestatis, cui competit dicta provisio ex triplici jure. Primo quidem divino: quia sic videtur voluisse Christus ... Secundo vero ex jure naturali: quia supposito ipsum primum locum tenere in principatu, oportet eum dici caput a quo est omnis motus et sensus in corpore mystico: per quod habemus quod omnis influentia regiminis ab ipso dependet ... Jtem ipse est qui vices Dei gerit in terris. Et haec est tertia via, sive ratio per quam ostenditur et concluditur, summum Pontificem in dicto casu plenitudinem potestatis habere." III. XIX. S. 266—67.

[1]) Dasselbe ist auch heutzutage bei den meisten konstitutionellen Monarchien zu bemerken.

Staaten offenbar, wie bei den Römern von der Vertreibung der Könige bis zum Kaisertum, und zur Zeit der Richter bei den Juden.²) Wie im I. Buche schon behauptet, ist der Mensch zur Gesellschaft von Natur aus bestimmt: hier aber wird die Frage aus anderen Ursachen wiederholt.³) Auch das Vernunftvermögen, Verstand und Wille beweist, dass der Mensch gesellig ist. Die Akte des Vernunftvermögens können ausser der Gesellschaft weder sich entwickeln, noch sich vervollkommnen. Ueberdies ist auch nach dem Gefühlsvermögen der Mensch zur Gesellschaft bestimmt. Die Sprache, welche die Offenbarung der Gedanken ist, setzt das Verhältnis eines Subjektes zum anderen voraus; so auch unter den Sinnen das Gehör.⁴)

IV. V. VI. VII. VIII. Kap. — Die Kritik von Sokrates,' und Plato's Politik bildet den Hauptinhalt dieser fünf Kapitel. Sokrates und Plato behaupteten nach der Mitteilung des Aristoteles, dass alles im Staate gemeinschaftlich sein müsste, Weiber, Kinder und Güter: so würde vollständige Eintracht entstehen. Das scheint dem Verfasser des Kapitels so unerhört, dass er eine Umbildung der Gedanken beider Philosophen durch Aristoteles nicht für unmöglich hält, indem er sich der Ansicht einiger Ausleger des Aristoteles anschliesst. Durch die Gemeinschaft der Weiber würde der Mensch den unvernünftigen Tieren gleich werden; die Liebe und die Eintracht sind ausserdem vollkommener, wenn sie zwischen verschiedenen Subjekten ausgeübt werden; wie auch die Ver-

---

²) „Advertendum etiam hic quod quamvis (in regimine Romanorum) unus dominaretur singulis annis ut in dicto libro Machabaeorum scribitur, (I, 8, 15) sicut in civitatibus Italiae etiam modo contingit, regimen tamen dependebat ex pluribus, et ideo non regale, sed politicum appellabatur; sicut et de judicibus Israelitici populi accidit ..." IV. I. S. 270.

³) „Advertendum autem quod superius in principio primi libri probatum est societatem humanam esse necessariam, et hic similiter, sed aliter et aliter utrobique; quia ibi secundum quod ordinatur ad principem (diese letzten Worte fehlen in der Ausgabe von Parma) hic autem secundum quod partes multitudinis sibi invicem sunt necessariae ..." IV. II. S. 271.

⁴) „Auditus autem multitudinem respicit ... Amplius autem et ipsa loquela, quae manifestiva est cordis, ... ad alterum ordinatur." IV. III. S. 272.

einigung im Leibe vollkommener ist, wenn die Kraft der Seele in verschiedenen Teilen und Organen sich verbreitet und verschiedene vereinigte Wirkungen verursacht.⁵) Auch der Apostel ist gegen solche absolute Gemeinschaft.

Nach Sokrates und Plato mussten die Weiber, und zwar aus verschiedenen Gründen, wie die Männer, am Kriege teilnehmen. Wie z. B. bei den Raubtieren das Weibchen wilder ist, als das Männchen, so muss auch das Weib von Natur grimmiger als der Mann sein. Das ist aber unmöglich. Das Weib ist von Natur zur Familie bestimmt. Das Weib muss für die Kinder und das Hauswesen sorgen; die Leitung aber und Verteidigung der Familie übernimmt der Mann: nur dem Manne ziemen also Kriegsübungen.⁶) Die Glieder des Weibes sind zum Kampfe ungeeignet, zur Zeugung aber und zur Ernährung der Kinder bestimmt: die dazu bestimmten Organe sind im Weibe entwickelter, als die anderen; das Gegenteil ist bei dem Manne der Fall. Ausserdem, wie Aristoteles behauptet, besitzen die Weiber schwächeren Verstand als die Männer und sind von Natur furchtsamer; daher zur Kriegslist und zu Gefahren untauglich.⁷) Ueberdies ist der unaufhörliche Verkehr der Weiber mit den Männern im Heere höchst gefährlich, da die Männer hierdurch entnervt würden und ihre männliche Kraft

---

⁵) „Quia unio et amor habent gradum in inferioribus entibus: quoniam perfectior est unio in corpore animato, si in diversis organis virtus animae diffundetur ad diversas operationes unitas in una substantia animae . . . unde et unionem allegatam reprobat Apostolus in I. epistola ad Cor. (12, 17,) dicens: „Si totum corpus oculus, ubi auditus? Et si totum auditus, ubi odoratus? . . . " IV. IV. S. 273.

⁶) „ . . . solus autem homo gubernationi intendit familiae. Quae quidem fieri non potest ubi mulieres exponuntur armis, quia sicut in politica officia sunt distincta, ita et in oeconomia, ut paterfamilias ad exteriora negotia intendat, mulieres autem ad intrinsecos actus familiae." IV. V. S. 274.

⁷) „Tradit enim Philosophus de gestis animalium, quod mulier est masculus occasionatus: unde sicut deficit in complexione, ita et in ratione. Et inde est quod propter defectum caloris et complexionis sunt pavidae, et mortis timidae: quod in bellis maxime fugiendum est. Propter vero defectum rationis, carent astutiis bellicis, quibus pugnantes ut plurimum sunt victores . . . " IV. V. S. 274.

verlören; weil die Geilheit den Menschen unbesonnen und unfähig zum Denken macht.⁸) Das Weib also ist zur Familie bestimmt; das hat auch Salomon bewiesen.⁹) Sokrates und Plato behaupteten auch, dass die Herrschaft und die Leitung im Staate immer durch denselben ausgeübt werden müsste. So würde die Natur nachgeahmt, welche in ihren Wirkungen beharrlich ist; ferner ist der Wechsel der Regierenden immer gefährlich. So würden sehr leicht die Unfähigen die Macht erlangen, Aufstand und Ehrgeiz entstehen. Dagegen wirkt der Wechsel in der Regierung zuweilen vorteilhaft: so folgt der Milde dem Strengen nach, so wird der Tyrann abgesetzt, und auch der natürliche Trieb nach Ehre befriedigt, welchen jeder Mensch empfindet. Ein gutes Regiment ist dasjenige, in welchem die Aemter und die Auszeichnungen nach dem Verdienste und der Fähigkeit der Menschen gebührendermassen abwechseln.¹⁰) Zum Regieren müssen aber diejenigen ausgewählt werden, welche dazu Anlagen besitzen (wie Aristoteles im IV. Buche seiner Politik ausführt) und vom Mittelstande sind, d. h. weder zu reich, weil sie dann tyrannisiren, noch zu arm, weil sie sogleich demokratisiren werden.¹¹) In der Regierung des Staates wird es manchmal nützlich sein, die Strafen mit Milde anzuwenden und auch bisweilen das Vergehen zu übersehen.¹²)

⁸) „Quarta ratio sumitur ex periculoso commercio viri et mulieris: quia actus venereus corrumpit aestimationem prudentiae, ut tradit Philosophus in septimo Ethicorum, et impossibile est in eo aliquid intelligere." IV. V. S. 274.

⁹) „Mulierem fortem quis inveniet? procul et de ultimis finibus praetium eius. Quaesivit lanam et linum. et operata est consilio manuum suarum. Manum suam misit ad fortia, et digiti eius apprehenderunt fusum. Consideravit semitas domus suae, et panem otiosa non comedit.' Prov. XXXI. 10, 13, 15, 19, 26.

¹⁰) „Laudabilis igitur politia est, in qua secundum merita unicuique civi vicissim distribuuntur honores . . . " IV. VIII. S. 276.

¹¹) „Idoneos autem Aristoteles tradit in Politicis lib. IV. mediocres civitatis, hoc est nec nimis potentes. quia de facili tyrannizant, nec nimis inferioris conditionis, quia statim democratizant." IV. VIII. S. 277.

¹²) „Rursus nec dominio derogat, si leviter puniat secundum naturam gentis subjectae: quia . . . aliquando melius politia servatur dissimulando culpam, vel dimittendo poenam." IV. VIII. S. 277.

IX. X. XI. XII. XIII. Kap. — Hier wird die Politik von Phaleas aus Chalcedon, von Lykurg aus Sparta und von Hippodamus aus Milet in Erwägung gezogen. — Phaleas wollte, dass alle Güter im Staate gemeinschaftlich wären: darum befahl er, dass die Heirat zwischen Personen von verschiedenen Ständen sich vollziehen müsste; so glaubte er, die Ungleichheit der Stände aufzuheben, welche den Neid erzeugt, wovon die Lüsternheit stammt, die nach dem Apostel die Wurzel alles Uebels ist.[13]) Auch Lykurg wollte die absolute Gleichheit in Lacedaemon; er hatte die Münze im Handel verboten und nur den einfachen Umtausch der Waren gestattet. Das aber ist, wie Aristoteles bemerkt hat, gegen die Natur: derjenige, welcher viele Kinder ernähren muss, müsste mehr Geld haben, als derjenige, welcher entweder keine oder wenige hat; das ist auch mit den verschiedenen Ständen der menschlichen Gesellschaft unverträglich: der, welcher das höchste Amt im Staate bekleidet, wird sicher mehr Bedürfnisse haben, als der, welcher das geringste Amt verwaltet. Die Natur beweist dasselbe: in der Natur nämlich ist die grösste Verschiedenheit vorhanden, und derjenige, welcher die absolute Gleichheit der Stände behauptet, der zerstört die natürliche Ordnung und verursacht daher jedes Uebel.[14]) Sokrates und Plato hatten in ihrer Politie fünf Abteilungen d. h. die Kategorien der Fürsten oder Regierenden, der Räte oder Gesetzgeber, der Krieger, der Handwerker und der Ackerbauer angenommen. Es ist aber falsch, sagt Aristoteles, diejenigen absolut zu bestimmen, welche den Staat beschützen müssen: es könne der Fall eintreffen, dass jeder zum Kampfe Taugliche den Staat verteidigen müsse. Ein Staat aber darf

---

[13]) „Quia ubi est bonorum temporalium inaequalitas, contingit saepius perturbatio: ibi enim est invidendi occasio; inde cupiditas oritur, quae juxta Apostolum, radix omnium malorum est." IV. IX. S. 277.

[14]) „Amplius autem nec ipse ordo naturae hoc patitur, in quo divina providentia res creatas in quadam inaequalitate constituit, sive quantum ad naturam sive quantum ad meritum. Unde ponere aequalitatem in bonis temporalibus . . . est ordinem in rebus destruere." IV. IX. S. 277.

kein zu grosses Heer haben, sonst würde es ihm schädlich und zu teuer werden.[15]) Hippodamus von Milet hat nur drei Klassen in seiner Politie angenommen; die der Krieger, der Handwerker und der Ackerbauer; ausserdem hat er die Zahl der Bürger auf zehntausend bestimmt. Das ist vollständig verkehrt, weil je mehr die Bevölkerung in einer Politie sich vermehrt, um so mehr ihre Macht zunimmt. Es ist auch falsch, die Krieger absolut in eine Kategorie einzuschliessen. Handwerker und Ackerbauer können gelegentlich Krieger werden. Ein grosser Irrtum war überdies, die Räte von der Politie auszuschliessen. Sie sind im Gegenteil die Hauptsache im Staate, und nach Demosthenes' Vergleichung, wie die wachenden Hunde bei der Herde. — Solon's Staatsverfassung ist nach Cicero's Meinung vorteilhafter für Athen gewesen, als der Sieg bei Salamis.[16]) Hippodamus hat ausserdem die Führer und Regierenden ausgelassen, welche als das Haupt im Staate zu betrachten sind. Die Güter hatte er so verteilt, dass ein Teil zum Kultus, ein zweiter gemeinschaftlicher, um die Krieger zu unterstützen, und ein dritter als Eigentum der Ackerbauer bestimmt war. Die Handwerker besassen nichts Bestimmtes, da sie durch ihre Arbeit leben konnten. Von Rechtswegen hat Hippodamus einen Teil der Güter zum Zwecke des göttlichen Kultus festgestellt: weil das nach göttlichem und natürlichen Rechte erforderlich ist. So haben die Römer gethan, so lang die Zucht bei ihnen in gutem Zustande war; so ist es auch nach der Genesis in Aegypten geschehen, wo während der Hungersnot nur die Güter der Priester und die Güter, welche zum göttlichen Kultus bestimmt waren, unan-

---

[15]) „... magnam multitudinem esse damnosam, tum quia difficilius regitur, tum quia laboriosius in victualibus providetur." IV. X. S. 278.

[16]) „... Demosthenes Atheniensis praefatos viros peritos, vel quoscumque senes expertos sic se habere ad politiam definit ut canes ad gregem, quorum custodia arcentur lupi: sic et se habent sapientes et advocati in civitatibus, quia canes sunt populi. Unde Tullius scribit in libro de Officiis, quod Solon plus profuit reipublicae civitatis Atheniensis, quae legibus et institutis eius erudita fuit, quam victoria Themistoclis." IV. XI. S. 279.

getastet blieben.[17]) Auch hatte Hippodamus mit Recht den Kriegern keinen eigenen Besitz belassen, sonst würden sie durch die Güterverwaltung von der Kriegskunst abgewandt. Die Handwerker aber müssen eigenen Besitz in Anspruch nehmen, ebenso gut wie die Ackerbauer, weil die Güter natürlicher Reichtum sind, welcher jedem zukommt.[18]) In Hippodamus' Politie waren drei Arten von Urteilen möglich, nach dreifachen Objekten, nach Diebstahl, nach Beleidigung und nach Mord; ausserdem hob ein Gericht, welches aus Greisen bestand, die unrichtigen Urteile auf. Hippodamus hat ausserdem Gesetze angeordnet zu Gunsten der Weisen, welche dem Staate durch ihre Thaten Vorteile verschafft hatten, und er hatte befohlen, dass die hinterbliebenen Söhne der Krieger, welche für's Vaterland in der Schlacht gefallen waren, auf Kosten des Staates ernährt und erzogen würden. Das ist gerechtfertigt, weil in den Söhnen die Erinnerung an die Väter verewigt wird, so dass man, wie im Prediger Salomon's, von ihnen sagen kann, dass sie gestorben und nicht gestorben sind.[19]) Nach Hippodamus' Staatsverfassung sollte der Fürst nicht der Erblichkeit, sondern der Wahl seine Herrschaft verdanken. Er musste besonders für die inneren und auswärtigen Angelegenheiten des Staates und für die Waisen sorgen.

XIV. XV. XVI. XVII. XVIII. XIX. XX. XXI. XXII. Kap. — Es wird in diesen Kapiteln die Aristotelische Kritik der Staatsverfassungen von Lacedaemon, Kreta und

---

[17]) „. . . sic enim mos fuit apud antiquos Romanos, ubi viguit disciplina. Unde Genes. 47, scribitur, quod tota terra Aegypti imminente fame tempore Joseph, in servitutem redacta est regis, praeter terram sacerdotum, quae videlicet sic erat dedicata Deo, quod alienari non poterat, sicut nec hodie possessiones Ecclesiae, nisi multum legitimis casibus." IV. XII. S. 279.

[18]) „Constat enim possessiones . . . inter naturales divitias computari: quae sic vocantur, quia homo ipsis naturaliter indiget ut necessariis humanae vitae, et propter ipsarum amoenitatem, ad refocillationem animae . . ." IV. XII. S. 280.

[19]) „. . . ut verum sit quod in Ecclesiastico (30, 4.) scribitur: „Mortuus est enim, et quasi non est mortuus; simile enim reliquit post se;" videlicet in beneficio adepto causa patris." IV. XIII. S. 280.

Karthago wieder vorgebracht: und es schliessen sich einige Bemerkungen über Pythagoras' politische Ansichten an. Aristoteles (II. Buch der Politik) tadelt die Lacedaemonier wegen der nachlässigen Art, wie die Diener behandelt würden. Sie behandelten die Diener nicht wie Unterthanen, sondern wie Freunde; daher fehlte es bei ihnen so an Zucht und Ordnung. — Man muss sich an Salomon's Worte erinnern.[20]) Auch wären sie zu tadeln wegen der übertriebenen Freiheit, welche die Weiber bei ihnen genössen: deshalb würden sie leicht zur Wollust verführt. Auch die Ermahnung in Salomon's Prediger darf nicht vergessen werden.[21]) — Aristoteles stellt sich jetzt die Frage, ob die Krieger sich verheiraten dürfen. Plato verneint es: der Mut wird durch die Geilheit geschwächt.[22]) Aristoteles aber im II. Buche seiner Politik meint das Gegenteil, weil der Krieger von Natur zur Unzucht geneigt sei; enthielte er sich vom Weibe, so wende er sich leicht dem Manne zu: es sei besser, mit Weibern zu verkehren, als unwürdigen Vergnügungen sich zu überlassen.[23]) Augustinus meint, dass die Hure in der Welt wie die Kloake im Hause sei. Ohne Kloake würde das Haus von Gestank, ohne Hure die Welt von Sodomiterei erfüllt. Deswegen, sagt Augustinus, werden in der irdischen Stadt die Huren geduldet.[24]) Im VII. Buche der Ethik er-

---

[20]) „Qui delicate a pueritia nutrit servum suum, postea illum sentiet contumacem. Servus verbis non potest emendari: quia quod dicis intelligit, et respondere contemnit." Prov. 29, 21, 19.

[21]) „In filia non avertente se firma custodiam, ne inventa occasione, abutatur se." Eccl. 26, 13.

[22]) „Ex actu enim carnalis delectationis mollescit animus, et minus virilis redditur . . ." IV. XIV. S. 281.

[23]) „. . . quia bellatores naturaliter sunt proni ad luxuriam . . . unde si abstineant a mulieribus, prolabuntur in masculos . . . quia minus malum est mulieribus carnaliter commisceri, quam in vilia declinare flagitia." IV. XIV. S. 281.

[24]) „Unde Augustinus dicit, quod hoc facit meretrix in mundo, quod sentina in mari, vel cloaca in palatio. Tolle cloacam et replebis foetore palatium . . Tolle meretrices de mundo, et replebis ipsum sodomia. Propter quam causam idem Augustinus ait in 13. de Civitate Dei, quod terrena civitas usum scortorum licitam turpitudinem fecit." IV. XIV. S. 281.

klärt Aristoteles die Sodomiterei als ein Erzeugniss fehlerhafter Natur und böser Gewohnheit.[25] Wegen der ungleicher Verteilung der Güter, der Ernennung von Beamten aus denjenigen, welche drei Söhne hätten (dieselben, falls sie noch einen anderen Sohn erzeugt, erlangten überdies die Befreiung von Steuern: dadurch waren die Bürger geneigt, viele Kinder zu erzeugen und darum auch verarmt) und aus den Armen, welche durch ihre Armut sich leicht verführen liessen, und wegen der Erwählung des Königs, welcher nur für eine gewisse Zeit regierte, ist ausserdem die lacedaemonische Staatsverfassung zu tadeln. Es darf das Regieren nur denjenigen gestattet werden, welche trotz der Armut durch ihre Tugenden den Verdacht der Lüsternheit ausschliessen.[26] Wenn ein König nur auf Zeit regiert, wird er übereilt verwalten, die Unterthanen quälen, welche seine Herrschaft eingeschränkt haben, und streben, Vorteile für sich und seine Freunde zu erreichen.[27] Er wird ausserdem Steuern und Auflagen vermehren, was nur in dringenden Fällen zulässig ist, sonst würden Aufstand und Ruhestörungen entstehen.[28] Wenn aber der Regierende lebenslänglich regiert, wird er sowohl für das Wohl seiner Unterthanen, als für sein eigenes sorgen.[29] Bei den Lacedaemoniern wurde nur die körperliche Kraft in den Kriegern geschätzt: es ist thatsäch-

[25] „Hoc etiam vitium sodomiticum ipse Philosophus in 7. Ethic., dicit accidere propter vitiosam naturam, et perversam consuetudinem . . ." IV. XIV. S. 281.

[26] „Periculosum est igitur politiae sive reipublicae pauperem assumi ad consulatum sive ad judicatum . . . nisi quando paupertas est placida: quia tunc est resecata cupiditas . . ." IV. XV. S. 282.

[27] „Si ergo tales principes ad tempora regnent, contingit ipsos ad judicandum esse praecipites sive contra cives qui de ipso amovendo fuerunt solliciti, sive alicuius rei adipiscendae cupidine, vel ut amicis praestent gratiam . . ." IV. XVI. S. 283.

[28] „Exactiones enim sive vectigalia multiplicata in populo, nisi pro urgenti causa, ut puta pro conservatione civitatis vel regionis, ipsam conturbant, et sunt in ea causa dissensionis et litis." IV. XVII, S. 283.

[29] „Sed si dominium est perpetuum, rector curabit de subditis sicut de re propria." IV. XVI. S. 283.

lich die moralische Kraft, wie Aristoteles bemerkt, welche die Krieger befähigt für das Wohl des Vaterlandes sich in Gefahr zu begeben.[30]) Folgendes sind nach Justinus die Gesetze, welche Lycurg den Lacedaemoniern und Kretern gegeben hatte: I. Das Volk darf weder Gold noch Silber besitzen. II. Dasselbe kann, wie es wünscht, Magistrate und Senatoren erwählen. III. Die Güter müssen in gleicher Weise verteilt werden. IV. Die Mahlzeiten müssen gemeinschaftlich gehalten werden; dann wird niemand den Luxus insgeheim betreiben. V. Den jungen Leuten wird jährlich nur ein Gewand bewilligt; so wird niemand besser als ein anderer gekleidet sein. VI. Im Handel wird nur der Tausch und nicht der Gebrauch des Geldes gestattet. VII. Die Kinder müssen auf dem Lande Ackerbau treiben und dürfen nicht eher nach der Stadt zurückkehren, bis sie Männer geworden sind. VIII. Nur aus Liebe darf die Heirat geschehen; darum wird die Mitgift verboten. IX. Nicht den Reichen, sondern den Greisen werden Verehrungen gezollt.

Die Politie der Kreter stimmte im allgemeinen mit der der Lacedaemonier überein, nicht aber in einzelnen Punkten derselben. — Die Lacedaemonier und Kreter hatten gemeinschaftliche Mahlzeiten; bei den Kretern aber fanden dieselben auf Kosten des Staatsschatzes statt. So auch waren die Kreter wie die Lacedaemonier in der Kinderzeugung nicht so eifrig. In Kreta wurde der Ackerbau von Eigentümern, in Lacedaemon von Dienern betrieben: die Kreter hatten zehn Magistrate, welche „κόσμοι" hiessen; in Lacedaemon waren nur fünf, die „ἔφοροι" — Auch die Politie von Karthago hatte mit der lacedaemonischen Aehnlichkeit: sie war, nach Aristoteles' Meinung, mit der von Kreta und Lacedaemon

---

[30]) „Distinguit enim Aristoteles in III. Ethic. duplicem fortitudinem. Quarum alteram hic tangit, quae militaris dicitur, quae solis viribus innititur corporis; et hanc Philosophus vocat partem virtutis, sive fortitudinis, quia requiritur interdum in vera fortitudine. Alia est quae gratia reipublicae se exponit et non cedit, neque fugit periculis excrescentibus . . ." IV. XVII. S. 283.

eine der besten unter den bekannten Staatsverfassungen.[31]) Aristoteles zieht sie der lacedaemonischen Politie aus drei Gründen vor: erstens weil die Obrigkeiten in Karthago mit Ordnung und mit feststehenden Gewohnheiten ihrem Amte oblagen; zweitens weil sie untereinander einträchtig waren, so dass in der Geschichte von Aufständen in ihrem Staate niemals die Rede war; drittens weil das Regiment friedlich war und niemand in Karthago tyrannisirte; ferner wurde der König in Karthago von einem Ausschuss von hundertvier Senioren ausgewählt, welchen Aristoteles „γερουσία" nennt. Da der König aus dem ganzen Volke nach der Würdigkeit ausgewählt war, konnte einem Armen die königliche Würde zu Teil werden; um ihn aber in diesem Falle zu verhindern, durch Habsucht die Gerechtigkeit zu verletzen, wurde ihm durch den Staatsschatz ein genügender Lebensunterhalt bestimmt.[32]) Die Pythagoraeische Politik endlich war eben so wohl als die Aristotelische ganz auf die Tugend gegründet. Pythagoras (582 v. Chr.) lehrte, dass die schönste Zierde

---

[31]) „αὗται γὰρ αἱ πολιτεῖαι τρεῖς ἀλλήλαις τε σύνεγγύς πώς εἰσι, καὶ τῶν ἄλλων πολὺ διαφέρουσι, ἥ τε Κρητικὴ καὶ ἡ Λακωνικὴ καὶ τρίτη τούτων ἡ τῶν Καρχηδονίων." Politik. II. Buch. Kap. VIII, I, S. 188.

[32]) Das scheint der Verfasser in folgenden Sätzen ausdrücken zu wollen, welche allerdings sehr verworren sind: „Tradit etiam documentum idem Philosophus in dicta politia Chalcedoniorum quantum ad electionem, ut non arte, vel sortialiter eligant, sed virtuosos; quia contigit aliquando talem sortem super pauperem cadere, cuius principatus est periculosus . . . . Tradit etiam documentum Philosophus quod et Chalcedoniae dicit contigisse in sua politia: ut si quando reperiretur pauper qui foret virtuosus, ad tollendam occasionem ne se lucris immergat illicitis, ut republica ei provideat in necessariis . . . ." IV. XX. Kap. S. 285. — Bei Aristoteles gibt es aber keine Spur davon: „Τοὺς δὲ βασιλεῖς καὶ τὴν γερουσίαν ἀνάλογον τοῖς ἐκεῖ βασιλεῦσι καὶ γέρουσι, καὶ βέλτιον δὲ τοὺς βασιλεῖς μήτε κατὰ τὸ αὐτὸ εἶναι γένος, μηδὲ τοῦτο τὸ τυχόν, ἀλλὰ τὸ διαφέρον, ἐκ τούτων αἱρετοὺς μᾶλλον ἢ καθ' ἡλικίαν · μεγάλων γὰρ κύριοι καθεστῶτες, ἂν εὐτελεῖς ὦσι, μεγάλα βλάπτουσι, καὶ ἔβλαψαν ἤδη τὴν πόλιν τὴν τῶν Λακεδαιμονίων." Politik. II. Buch, VIII. Kap. 2, S. 188. Und dagegen: „Παρεκβαίνει δὲ τῆς ἀριστοκρατίας ἡ τάξις τῶν Καρχηδονίων μάλιστα πρὸς τὴν ὀλιγαρχίαν κατά τινα διάνοιαν, ἣ συνδοκεῖ τοῖς πολλοῖς · οὐ γὰρ μόνον ἀριστίνδην, ἀλλὰ καὶ πλουτίνδην οἴονται δεῖν αἱρεῖσθαι τοὺς ἄρχοντας · ἀδύνατον γὰρ τὸν ἀποροῦντα καλῶς ἄρχειν καὶ σχολάζειν." ebd. 5. S. 192.

eines Weibes die Keuschheit sei,³³) dass es möglich sei, wie Cicero uns mitteilt, die Geilheit von den Menschen durch besondere Harmonie zu verbannen.³⁴) Hieronymus teilt uns einige Pythagoraeische Grundsätze mit, z. B.: „Man muss die Mattigkeit vom Körper, die Unerfahrenheit vom Verstande, die Unzucht vom Leibe, den Aufstand von der Stadt, die Zwietracht vom Hause, und vor allem die Unmässigkeit vertreiben. In der Freundschaft ist alles gemeinschaftlich, und der Freund muss den anderen wie sich selbst betrachten. Nach Gott muss man die Wahrheit verehren, welche am meisten die Menschen Gott ähnlich macht. Diejenigen, welche Philosophie treiben, müssen fünf Jahre lang schweigen, und nachdem sie sich durch die Wahrheit gebildet haben, dürfen sie sprechen."³⁵)

XXIII. XXIV. XXV. XXVI. XXVII. XXVIII. Kap. — Welches ist endlich die wahre und beste Politie? Diejenige, in welcher die Bürger durch Ausübung aufrichtiger Tugenden glücklich sind. Dieses ist der Zweck einer Gesellschaft nach Aristoteles; mit ihm stimmt Augustinus überein. Er erklärt den Staat als eine Menge durch ein geselliges Band vereinigter Leute, welche die wahre Tugend glücklich macht. ³⁶)

---

³³) „... asserens matronarum vera ornamenta pudicitiam fore." IV. XXI. S. 286.

³⁴) „Per quod apparet quod in sua politia ad hoc tota sua ferebatur intentio suusque conatus, ut homines traheret ad vivendum secundum virtutem: quod et Aristoteles in Politica docet." IV. XXI. S. 286.

³⁵) „Fugienda ... sunt modis omnibus et abscindenda, languor quidem a corpore, imperitia ab animo, luxuria a ventre, a civitate seditio, a domo discordia, et in commune a cunctis rebus intemperantia ... amicorum omnia esse communia, et amicum se alterum esse ... Post Deum veritatem colendam, quae sola homines proximos Deo facit." IV. XXII. S. 286.

„Refert etiam Hieronymus ... pythagoricam fuisse doctrinam ut homines scholastici usque post quinquennium taceant postea vero eruditi loquantur." ebd.

³⁶) „Civitas autem, ut Augustinus dicit in I. De Civitate Dei, est „hominum multitudo aliquo societatis vinculo colligata, quae vera virtute beata redditur." Haec definitio a sententia Philosophi non discordat ..." IV. XXIII. S. 287.

Die Tugend der Regierenden ist inbezug auf die Regierten leitend und architektonisch; vom Haupte in der Gesellschaft hängt das Glück derselben ab. Wenn die oberste Tugend des Hauptes die untersten Tugenden der Glieder der Gesellschaft leitet, entsteht die Ordnung und daher das Wohlsein.[37]) Die Einteilung der Sokratisch-Platonischen Kategorien in dem Staate ist mit Romulus' und Hippodamus' Einteilungen übereinstimmend. Nach Sokrates und Plato sind fünf Kategorien in einer Politie anzunehmen; und diese Einteilung ist der menschlichen Natur angemessen. Durch die Vernunft wird der Mensch geleitet; daher auch die Räte und Gesetzgeber. Es möge daran erinnert werden, was darüber Salomon in seinem Prediger geschrieben hat.[38]) Die Vernunft zügelt die sinnlichen Begierden; so auch die Regierenden in in der Gesellschaft. Ferner sorgt die Natur auch für die anderen Bedürfnisse des menschlichen Lebens, für seine Bekleidung und Verteidigung, für seine Ernährung und sein Wohlbehagen: deswegen die Krieger, die Ackerbauer und die Handwerker.

Romulus hat in seinem Staate nur drei Kategorien unterschieden, Senatoren, Krieger oder Equites, und Volk. In der ersten Klasse aber sind auch die Regierenden und die Räte enthalten, und die Ackerbauer und Handwerker in der dritten. So hat auch Hippodamus nur drei Kategorien in seiner Politie aufgestellt, aber bei den Kriegern, Handwerkern und Ackerbauern auch die Richter und Assessoren angenommen, welche als Regierende und Räte zu betrachten sind.[39])

---

[37]) „Virtus enim qua rector politicus civitatem gubernat, architecta est respectu cuinslibet aliarum virtutum quae sunt in civibus ... Et si virtus suprema, quae est ratio, ceteras dirigat inferiores potentias, et ad suum moveantur imperium, tum insurgit quaedam suavitas et perfecta delectatio virium in alterutrum, quam armoniam vocamus." IV. XXIII. S. 287.

[38]) „Unde et in Eccl. 32, 24, scribitur: „Fili, sine consilio nihil facias, est post factum non poenitebis." IV. XXIV. S. 288.

[39]) Was in diesem XXV. Kapitel über die Einteilung der Hippodamischen Politie gehandelt wird, widerspricht der Kritik des XI. Kapitels: „Sed et sua divisio de solum tribus generibus hominum non est sufficiens: quia relinquit consiliarios et sapientes, qui sunt

Das vierte Buch schliesst mit Anmerkungen über das Heer. Jeder Staat muss wie Vegetius im I. Buche „De arte militari" sagt, trachten, ein eigenes, starkes und gutausgebildetes Heer

principalis pars politiae . . ." IV. XI. S. 279. — Am Schluss des XX. Kapitels wird gesagt, dass Aristoteles aus zwei Gründen die Politie von Karthago getadelt hat: einer von diesen Gründen, d. h. das Häufen der Aemter auf eine einzige Person, wird mitgeteilt, der zweite aber nicht. Den anderen Grund des Vorwurfs finden wir bei Aristoteles selbst; es ist die Ausschliessung der Armen vom Regieren. (Politik. II, VIII. Kap. S. 192 ff.) — Aus diesen Kleinigkeiten, welche entweder der Verwirrung der hinterlassenen Anmerkungen und Manuscripte des heiligen Doktors oder der Unerfahrenheit des Anordners zuzuschreiben sind, muss man aber nicht die Unächtheit des ganzen Buches folgern. Der grösste Teil des wichtigen Inhaltes dieses letzten Buches zeigt sich dagegen als ein würdiges Erzeugniss des Genius des Thomas von Aquino. — Auch was Barthélemy St. Hilaire in der Einleitung seiner Uebersetzung der Aristotelischen Politik schreibt (S. LXXXIX), ist kein genügender Beweis für die Behauptung, dass Thomas der Verfasser des vierten Buches nicht sei. — Barthélemy St. Hilaire bringt ganz fragmentarisch einige Sätze des VIII. Buches bei und auf eine Weise, dass die wahre Bedeutung vollständig entstellt wird. Er schreibt: „Après avoir parlé du gouvernement despotique, il ajoute: Includendo in despotico etiam regale. Qui autem virilis animi et audacia cordis et in confidentia suae intelligentiae sunt, tales regi non possunt nisi principatu politico, communi nomine, extendendo ipsum ad aristocraticum." — Er musste vielmehr sein Citat an die kurz vorhergehende Stelle anknüpfen. In demselben Buche vor den beigefügten Sätzen liest man: „. . . dicendum est, quod regimen et dominium ordinari debet secundum dispositionem gentis, sicut ipse Philosophus in Politicis tradit. Quaedam autem provinciae sunt servilis naturae; et tales gubernari debent principatu despotico, includendo in despotico etiam regale." Die Bedeutung, welche Barthélemy St. Hilaire hier finden will, verschwindet so vollständig. — Ferner schliesst er: „Ceci était écrit à la fin du XIIIe siècle ou au commencement du XIVe. Un républicain d'Italie pouvait seul alors concevoir et exprimer des pareils principes. *Ce sont du reste ceux d'Aristote rendus presque mot à mot.*" Das ist wirklich sonderbar: nur ein Italiener aus dem XIII. oder XIV. Jahrhundert war im Stande dies zu schreiben, . . . und dies hatte schon Aristoteles in seiner Politik gesagt! Wenn diese Gedanken in der Aristotelischen Politik enthalten sind, warum konnten sie nicht von Thomas von Aquino hierhin übertragen worden sein? . . .

zu besitzen; das wird nützlicher sein, als ein gedungenes Heer.[10]) Wenn das Heer vernachlässigt wird, wird auch die Macht eines Staates verfallen. Ein wohlgeordnetes Heer macht denselben Eindruck, wie die Schönheit, für welche der Mensch alles wagt, ohne sich dabei durch irgend einen Schrecken zurückhalten zu lassen. Wie im Staate, so muss auch im Heere eine Abstufung von Graden sich finden.[11])

Schluss.

Nachdem ich die Hauptsätze der Politik des Thomas von Aquino, wie sie in dem eben betrachteten Aufsatze enthalten ist, im Grundriss dargelegt habe, wird es von Wert sein, einen Blick auf den durchlaufenen Weg zurückzuwerfen. Gar vieles, was die menschliche Gesellschaft anbetrifft, ist von dem heiligen Doktor in scharfsinniger und klarer Art erörtert worden. Alle die wichtigsten Probleme, nach deren Lösung noch heutzutage die Menschheit fortwährend strebt, sind von Thomas von Aquino in Betracht gezogen worden. — Die natürliche Neigung des Menschen zur Gesellschaft, die Natur, Entstehung und Arten der Herrschaft, die menschliche Freiheit und Gleichheit, die Pflichten der Regierenden und der Unterthanen, Familie, Stadt und Staat, Religion, Handel, Kunst und Heer, in einem Worte, das verwickelte Problem des menschlichen Lebens wird hier einer tiefen Kritik unterworfen und nach rein christlichen Grundsätzen erklärt. — Ueberdies bleiben nicht wenige unter den betrachteten Fragen, wie z. B. diejenigen über die Steueraufererlegung, über die Ausgaben für die Erhaltung des Heeres, über die königlichen Einkünfte, über die Notwendigkeit einer eigenen Münze im

---

[10]) „Utilius enim constat suos erudire armis quam alienos mercede conducere." IV. XXV. S. 289.

[11]) „Quod si multitudo populi sub certis limitibus in gradu et numero disponitur quantum ad sui directionem, multo magis in castris, in quibus maxima et periculosissima est difficultas regiminis tum ex parte operis quod eis incumbit, quia ad finem terribilium ordinatur, quod est mors; tum ex parte hostium qui infestant." IV. XXVII. S. 290.

Staate, um den Geldverlust durch Wechsel zu vermeiden, u. s. w., noch jetzt von lebendigem Interesse.

Die Probleme, welche in diesem wohl viel citirten, aber wenig durchdachten Aufsatze von dem heiligen Doktor erörtert werden, sind von ausserordentlicher Wichtigkeit, und verdienen darum die sorgfältigste Aufmerksamkeit und die ernsthaften Studien jedes Philosophen. — Dies wird aber, wie ich schon behauptet habe, nicht ohne Vorteil für die Lösung der schweren Socialprobleme der Gegenwart geschehen. — Keine andere Zeit fürwahr hat mehr ein Wort des Friedens nötig als die jetzige, die durch die gefährlichsten und drohendsten Leidenschaften entzündet ist.

Die Philosophie allein ohne Religion ist nicht im Stande dieses Wort auszusprechen. Das Christentum wird noch einmal die Gesellschaft von ihren Uebeln heilen und sie vor dem Zusammensturz retten.

Der christliche Socialismus, durch welchen in der unauflöslichen weil natürlichen Ungleichheit der Stände alle Menschen Brüder sind und sich als solche fühlen, dieser ist die einzige und wahre „Pactio foederis" der Zukunft!

Um den erstrebten Erfolg möglichst zu beschleunigen, wird auch die Ausbreitung der Kenntniss der politischen Grundsätze des Thomas von Aquino einen nützlichen Beitrag liefern können.

Mit diesen Worten schliesse ich diese Darlegung der politischen Lehre des Doktors angelicus, in der Hoffnung, dass die Erhabenheit der erörterten Fragen die Geringfügigkeit des Beitrages entschuldigen wird.

Lebenslauf.

Geboren wurde ich, Cäsar August Bosone, katholischer Konfession, am 10. September 1864 zu Pieve del Cairo Lomellina (Italien) als Sohn des Pellegrino Bosone und seiner verstorbenen Ehegattin Magdalene geb. Montobbio. Den gesammten Schulunterricht und die Vorbereitungen für die Universität genoss ich in dem königlichen Collegium Karl Albrecht zu Moncalieri bei Turin, wo ich 10 Jahre lang (1873—83) blieb.

Alsdann besuchte ich im Jahre 1883 die königliche Universität Turin, wo ich zuerst den literarischen Studien oblag, und nach 4 Jahren (1887) das Doktordiplom in der literarischen Facultät erlangte. In dem nächsten Jahre wandte ich mich den juristischen Studien zu, und 1889 erwarb ich hierin das Doktordiplom. Darnach widmete ich mich der Philosophie, welche ich schon vom Jahre 1885 an zusammen mit meinen literarischen Uebungen betrieben hatte, und 1891 erlangte ich das philosophische Doktordiplom.

Im Jahre 1892 besuchte ich die Rheinische Friedrich-Wilhelms-Universität Bonn, wo ich am 10. December in die philosophische Fakultät aufgenommen wurde.

Meine akademischen Lehrer an der Universität Turin waren die Herren Professoren:

(Literarische und philosophische Facultät). Allievo, Bobba, Cipolla, Cora, D'Ercole, Fabretti, Flecchia, Graf, Mosso, Müller, Pezzi, Renier, Schiaparelli, Vallauri-Lanfranchi.

(Juristische Facultät). Anselmi, Brunialti, Brusa, Carle, Castellari, Chironi, Cognetti de Martiis, Ferroglio, Fusinato, Garelli della Morea, Germano, Lombroso, Mattirolo, Nani, Ronga, Spanna.

Meine akademischen Lehrer an hiesiger Universität waren die Herren Professoren:

Bender, Englert, Jürgen Bona-Meyer, Neuhäuser, Schaarschmidt, von Schulte.

Allen diesen meinen hochverehrten Lehrern spreche ich meinen innigsten Dank aus.